JN334758

監修者のことば

この度の春口徳雄先生の新書のご出版、おめでとうございます。先生のこれまでのご研究の集大成となる本書への足跡をたどらせていただきます。

春口徳雄先生が、ご自分のオリジナルであるロールレタリング（ＲＬ）を〝自己洞察の技法〟としてはじめて日本交流分析学会で発表されたのは一九八四年のことでした。以来この方法を勉強会やワークショップを通して紹介される間に、先生はこれが有効な心理療法の一つになり得ると確信されたと言われます。しかし同時に本法が世に広まるためにはしっかりした学問的裏付け、とくに明確な理論的基礎作りが必要と考えられたのです。その最初の取り組みとして、先生がカウンセリング、内観法、ゲシュタルト療法、対象関係論の視点から理論的体系化を試みられたＲＬの入門書が、一九八七年に出版された『役割交換書簡法』（創元社）といえましょう。

一九九〇年代に入る頃、先生のお弟子さんやＲＬの研究者が徐々に増え、各地でのＲＬ研究会も活発化し、またご自身もＲＬを体験的に実践することで理論づけの基盤ができ始めたとうかがいました。研究会の成果や新たな課題が紹介されている第二のご著書が『ロール・レタリング（役割交換書簡法）の理論と実際』（チーム医療、一九九五年）です。この本で先生はＲＬの特徴をなす自己受容と対決の理論（課題ＲＬ）を論じておられます。また矯正教育、学校教育、心身医療の三つの領域で、

ＲＬがどのように活用できるかを示す臨床事例も数多く載っております。

これまでの足固めの段階をさらに確実なものにしたいという熱い願いは、日本ロールレタリング学会の設立（二〇〇〇年）の形で実現しました。これは先生を中心とした優れた共同研究者やお弟子さん方の弛まぬ努力が実ったものでした。ＲＬは学会を中心にさらに客観的、科学的な研究を重ねることで、日本のみならず世界の人々にも役立つ心理療法として発展することが期待されます。

先生は本書で、ＲＬの書き手が自分自身の認知の歪みを修正し、偏見に満ちた思い込みを修正することで自分を洞察できるようになるところに、本法の最大の特徴があるという確信を示されていると察しております。その他、次のような点も心理療法として学術的市民権を得ることを目指す先生のチャレンジと解せましょう。

・エビデンス・アプローチとしての脳生理学によるＲＬメカニズムの解明
・治療関係に欠かせない語り合い（ナラティヴ）を促すＲＬの役割
・心理療法におけるいくつかの難題に対するＲＬによる積極的、創造的アプローチ
・個人指導、集団指導としてメンタルヘルス、ヘルスプロモーションにも有効。
・特に最終章のＲＬを中心に「死と生」を課題とした統合教育の研究は、いじめ自殺をはじめとする生命軽視の今日の世相に対して実存的意味を持つものといえましょう。

二〇一三年五月

杉田峰康（日本交流分析学会理事長）

まえがき

回想すれば、筆者は一九八四年に「ロール・レタリングによる自己洞察の一つの技法として」という課題で、日本交流分析学会全国大会で発表しました。当時、ロールレタリングは未知の分野でしたが、林勝造先生（当時、法務省中央矯正研修所所長）にこの技法にいち早く注目していただき、筆者は先生の研修所で講義するよう要請をうけ上京しました。その後、恩師杉田峰康先生から交流分析について懇切なご指導をうけ、一九八七年に杉田先生の監修で、『役割交換書簡法（ロール・レタリング）』を創元社から出版したことから、本法は徐々に広まっていきました。

さらに拙著『ロール・レタリングの理論と実際』（杉田峰康監修、春口徳雄編著）をチーム医療から出版し、研究者・実践家からも支持をいただけるようになりました。

筆者は病院で、ロールレタリングによるアルコール・薬物依存症、境界性人格障害等の臨床を重ねるあいだに、この療法が自己の問題性への気づきを早くもたらしてくれることを体験しました。その後、本法の研究仲間からも同じ意見が聴かれるようになり、ロールレタリングが認知行動療法のひとつとしても機能を有していると確信するに至ったのです。

また、九州大学に留学されていた孫頴先生（天津大学准教授）は、拙著『ロール・レタリング入門』（杉田峰康監修、春口徳雄著、創元社）に注目され、帰国後、中国語に翻訳され、二〇一一年九月に中国で出版されました。

こういう経緯を経て、今までに発表した各分野の論文に手を加えてまとめた本書を、このたび出版するに至りました。

なお、各論文の執筆年をそれぞれの末尾にカッコで示しました。肩書については当時のままとさせていただきました。さらに、各章ごとに、書いた年や内容が異なるため、文体等はそれぞれの章ごとに統一を試みましたので、ご了承ください。

杉田先生はじめロールレタリングに関心をお持ちくださり、その内容を理解し推奨してくださった方々に心から感謝申し上げます。人間関係を基盤とするさまざまな問題に悩む人々のために本書が役立つことを願いつつ、出版のごあいさつといたします。

二〇一三年五月

春口徳雄

〈目次〉　ロールレタリングの可能性――心の教育・治療から日常の問題解決まで

ロールレタリングの可能性——心の教育・治療から日常の問題解決まで

1章　ロールレタリングの理論的基盤

一　内界の他人の眼と対決

筆者は、一九八四年、少年院に入院してきたある少年に非行の動機について聞いてみました。彼は次のように話してくれました。

「私は三カ月ほど前、窃盗して補導され、二度と悪いことをしないという誓約をして、自宅に帰ってきました。しかし、近所の主婦たちから、私の顔をじろじろ見られているように思われました。やがて、その人たちが私のうわさをしているように感じられ、とてもいやでした。たまたま、近所の家に空き巣ねらいがあって、私が犯人ではないかという疑いのまなざしが、前にもまして強くなってきたようにも感じられました。近所を歩くのがたまらなくいやで、多くの主婦の視線を浴びれば浴びるほどイライラはひどくなってきました。このイライラを打ち消すために、タバコを吸いましたが、これでは消えませんでした。それから酒を飲みはじめ、イライラを酒でいやすことを覚えたのです。しかし、イライラは日々つのり、酒の量は増えつづけ、イライラと酒とのたたかいのように思われました。ウィスキーボトル一本をあけ泥酔することがありましたが、このとき、きまって悪事（窃盗）をはたらいているのです」

この少年にとっては、自己の内界に主婦という他人の眼が入り込み、これが非難や疑惑のまなざしで自分に迫ってきたのでしょう。これに対して、自己の眼は敵意と嫌悪のイメージを増幅させ、他人の眼と対決するほどになってしまったものと思われます。自己の眼と他人の眼との対決によって生じた懐疑や敵意・憎悪などのイメージを酒の力を借りて打ち消そうともがきながら、かえって自己がつくったイメージのために自滅した姿を見る思いがしたのです。

そこで今度は、彼のマイナスのイメージをつくった他人の眼（近所の主婦）に代えて、親、祖父母、教師という自分の生き方に最もかかわりの深い他者の眼を、自己の内界に入れてみることにしたのです。つまり、自分自らが、自己と他者という両者の視点にたち、役割交換を行いながら、双方から交互に相手に手紙で訴える。この往復書簡を重ねることによって、相手の気持ちや立場を思いやるという形で、自らの内心にかかえている矛盾やジレンマに気づかせ、自己の問題解決を促進するという発想からうまれたのが、ロールレタリング（役割交換書簡）なのです。

二　ロールレタリングにおけるイメージと洞察

1　人間はイメージタンクであるといわれます。ロールシャッハ・テストによる人格診断は、自らのイメージの投影によってその平均像の奈辺を分析する方法とされています。ロールレタリングは自分の内に形成されるイメージを文章化する一種の自己投影法と考えていただいてもよいかもしれません。

2　ある人を想起し、意識にのぼらせようとするとき、親子関係、家族関係、あるいは他の対人関係など、自己の対象関係のなかでイメージされます。

たとえば、クライエントが「母からあなたへ・私からおかあさんへ」というロールレタリングを書く場合、自分を母親の眼として、対等の関係の中からイメージが表出されます。

なお、体験としてイメージは、自分とまったく関係のない対象に対しては想起しにくいということが言えます。現在まで、自分と対象とのつながりがあるからこそ想起されやすいのです。

3　ロールレタリングをするクライエントの中には、「同じイメージしか表出されないので、ロールレタリングの内容も同じになってしまう」と述べるケースも見られます。しかし、その内容は大同小異でも、ロールレタリングの前後でイメージが変化する可能性があるのです。

ロールレタリングによる役割交換の場合も相互交流を通してイメージの変化が起こると考えるとき、そのメカニズムは対象関係理論とも同じくするものといえましょう。

4　「イメージの変化が臨界に達すると急激な意識・行動の変化が見られることがある」といわれます。ロールレタリングにおいても、この変化が見られるのです。たとえば義父に強い敵意・憎悪を抱いたクライエントが、ロールレタリングを重ねていく過程で徐々に、あるいは何らかのきっかけによって変化してきます。「義父も、母と一緒になって私のためにいろいろと悩み、疲れ果て、つい感情的になって私に暴力を振るったのかもしれない」と思った途端、義父が病気のとき介抱してくれたことなどが想起される。その結果、義父に対するイメージが急変し、義父を理解、受容し妥協にすすむということもあるのです。

5　役割交換のイメージの変化はロールレタリングの反復によって生まれます。ロールレタリングを行うにあたって対象を適切に選定し、往復書簡の回数を重ねる必要があります。ロールレタリング内容の変化が臨界点に限りなく接近するとき、劇的な洞察と行動の変化が期待されるのです。ロールレタリングは役割理論といえましょう。

三　ロールレタリングの臨床的仮説

1　文章による思考・感情の明確化

ロールレタリングを行った患者は、自分の考えや感じをうまく表現できたと感じるとき、はじめて自分のそれまでの考えや思考が文章によって明確化され、認知されることを自覚するものと言えましょう。

2　自己カウンセリングの作用

ロールレタリングは感想文や作文ではありません。ロールレタリングは、過去を想起し、現実を直視することによって思考をめぐらし、当事者二者の立場に立って、それぞれの気持ちや考えを相手に訴えるという仮想書簡文です。したがってこの手紙は、自分自身が差し出し人であり、受け取り人なのです。相手が実際にこれを読むことはないので、そこでは自由で率直な表現が可能になり、守秘義務も守られます。

ありのままの感情と思考の表現が許容されるなかで、それまで曖昧であった感情や、浅はかと見られた衝動的行為が徐々に明確化され、分化されます。クライエントは往復書簡を重ねるにつれ自己の問題に気づき、さらに成長する方向へと進んでいきます。

3　カタルシス作用

ロールレタリングは決して相手の眼にふれることはなく、相手からの反論もなく、思う存分自分の心情をさらけ出せるのです。文字では赤面することもない、ということでしょうか。眼の前にない相手に対し、それまで抑えてきた感情を思いきり訴えると、その後は相手への理解と受容を示すことが多くなります。その意味でロールレタリングからはカタルシス作用が期待されます。

4　対決と受容

ロールレタリングでは、はじめ役割交換によって相手の身になって考え、これを受容する段になると、相手からの敵意など否定的な感情は素直に受容できないことを体験します。ここにアンビバレンスやジレンマが生じます。しかし、ロールレタリングという自己による対決を重ねるにつれ、相手の身になった洞察が深まり、そこから他者受容が生じます。

5　自己と他者、双方からの視点の獲得

ある患者は、これまで親の悲しい気持ちがわかるかと尋ねられると「何となくわかる」と言ってきたのが、ロールレタリングを行って、ほんとうは親の気持ちはわかっていないことに初めて気づいたといいます。自分のなかに相手の眼をもち、その眼で自他を見直し、人間関係を客観視することがで

きるようになるのです。

6　ロールレタリングによるイメージ脱感作

ロールレタリングを重ねると、イメージが想起されるようになります。これまで誤っていた自己のイメージは、客観的、妥協的、事実評価的なイメージへと変化してゆきます。

ある少年は長年、義父に敵意を抱き非行に走っていました。ところが少年が義父とのロールレタリングを繰り返すうち、義父へのイメージが次第に肯定的になり、義父を受容する文章も見られるようになったのです。これを機に、義父と実際に会い対話を重ねるうちに、これまでの憎しみが消え、義父に対する少年の態度が親和的なものに変わり、退院後は義父のもとでまじめに働くようになったのです。

7　自己の非論理的、自己敗北的、不合理な思考に気づく

エリス（Ellis, A.）は「情動障害は本来、個人が否定的で非現実的、非論理的、自己敗北的な文章記述を内面で反復するときに生じる。また、通常精神的に混乱した人は、自分自身に非論理的な語りかけをしているということに気づかないか、または自分自身の内面化された文章記述のうちに、非論理的な（必然的でない）つながりがあることについても、あるいは、その人がどのようにして自分にもっと健康的で、もっと現実的な文章記述を語りかけることができるかについても、気づかないのだ」

と言います。

ロールレタリングによって自己と他者からの訴え、語りかけの過程を通して、これまでいかに非論理的、不合理で自己敗北的、自傷的な思考を繰り返してきたかに気づくようになります。気づきが治療そのものになるのです。

四　ロールレタリングの実施上の課題

1　ロールレタリングに対する抵抗の心理

外的・内的抵抗
ロールレタリングに対する抵抗には、外的（行動的）抵抗と、内的（心理的）抵抗の二面が考えられます。
外的抵抗には、
・ロールレタリングを書くのが苦手である。
・作文は小学校のころから苦手である。
・ロールレタリングで表現するより態度で示したい。
・なぜ自分だけロールレタリングをするのか。
など多様な行動がみられます。これらの外的抵抗には、ロールレタリングについて適切なオリエンテーションとラポートを通して少年がロールレタリングの意義を理解するにつれ、徐々にゆるんできます。

次に内的（心理的）抵抗が起こります。

土居健郎先生は、精神分析への抵抗を秘密としてとらえ、①力の秘密（生命的価値）、②恥辱を意味する秘密、③治療者に対する秘密の三つをあげています。これに沿って少年の抵抗をみてみましょう。

①力の秘密――ある少年は崩壊家庭に育ったため、劣等感・疎外感を抱いており、他の子どもたちからいじめられてきました。しかし、不良グループに入ってからは、その力を楯にこれまでの被害者から加害者に変わり、暴力をふるうようになりました。今では暴力団の一員として、力の信奉と極道に生きることを人生の価値と考えるようになっています。このような否定的同一化によって生じた、いわば生命的価値の転換は、ロールレタリングに対する強い抵抗としてはたらくものと思われます。

②恥辱を意味する秘密――非行少年は、犯罪事実を直視させられることに拒否的な行動をとりがちです。人間としての醜悪さや、あるまじき行為を人に知られることを極力恐れ、その内容を否認する気持ちがはたらくのは、ある意味では当然ではないでしょうか。

③治療者に対する秘密――「あの先生とはどうも性が合わない。本音を訴えれば悪く評価され、弱点をあばかれるような感じがして、素直な気持ちで接することができない。どうせ、俺のことなんかわかってもらえない」と述べる少年もいます。これは、先生（治療者）に対する感情態度がコミュニ

ケーションの妨げとなっているものと思われます。

2　抵抗への対応

精神分析では抵抗の処理にあたって、まず患者に内心のジレンマの存在に気づかせるため抵抗分析からはじめるという原則があります。ロールレタリングはこれを参考にしています。

①課題ロールレタリングを与える

ロールレタリングでは、内心のジレンマに気づかせる方法として、生活史から少年の心情・行動特性などを考察した後、個々のケースに応じて課題を選びます。

これまで実際に用いた課題をいくつか掲げてみましょう。

・私はピーマンである（口ばかりで実行がともなわない）。
・私は三歳児の甘えん坊である。
・俺はまじめな人間になりたくないのだ。
・俺は親を困らせるため非行に走るのだ。
・私はひねくれている。
・私は言いわけがじょうずである。
・私は義母（義父）である。
・遺書。

・私は変わりたくない。

②逃避と対決

ロールレタリングを拒否する少年のなかには、ロールレタリングを〝強制〟して自分の問題に気づかせようとする先生の態度に、否定的感情を抱くケースも見られます。先の第三の抵抗のタイプ（治療者に対する秘密）がその例になりましょう。

③内観法の活用

ロールレタリングに拒否的態度を示す少年のなかには、対人関係の緊張から心的エネルギーが外に向いてしまっている人がいます。そのため、ロールレタリングに取り組む動機が生じにくい。このような場合、集団生活から離してひとり静かに内観を行わせます。

内観によって自己改善に対する拒否がロールレタリングへの抵抗にすり替えられていることに気づいて、ロールレタリングにスムーズに取り組める人がいます。

④ラケット感情を知り、それを捨てる

幼児期に形成された本能的感情態度が、変化への行動を妨げている場合があります。交流分析では、本人特有の慢性的な不快感情を、ラケット感情（自己の精神生活面に巧妙なやり方で圧力をかけ、本来の生き方を妨害する感情）と呼びます。その代表的なものには、憂うつ、怒り、罪悪感などがあります。

ラケット感情には、自己変革を求めず現状を維持し、その代わりに他人を変えようとする目的があるので、対人態度はしばしば自己肯定・他者否定となります。あるいは、自己否定・他者肯定のパターンもあり、その場合は非行を合理化し、自己改善への意欲を弱体化させる働きをします。

いずれにしても、ラケット感情に支配されると自己の問題点に気づくことに抵抗し、変化の機会を回避しがちになります（それが習慣化したものを、交流分析では「ゲーム」と呼ぶ）。このように幼児期に起因するロールレタリングへの抵抗を解除するには、ラケット感情について本人に気づかせ、それを捨てることが必要となります。

五　ロールレタリングに対する対決と受容

1　ロールレタリングによる対決の利点

カウンセリング過程における対決は、カウンセラーがクライエントに非論理的、非現実的、自己敗北的な矛盾に気づかせる高いレベルの心理技法です。しかし、両者の出会いによる対決では、ときに思考・感情に微妙なくい違いが生じ、真の意味の対決ができない場合を経験します。対決のあり方いかんによっては、自己の問題性に気づく転機になるか、あるいは逆に自己をいためつける体験に終わるかという両刃の剣になりかねません。クライエントの矛盾点に焦点を当てて両者が対決できるようになるには、カウンセラー側に長年の臨床経験が必要となります。

これにくらべてロールレタリングによる対決は、クライエントと最もかかわりの深い対象との往復書簡による対決であり、カウンセラーとクライエントとの対決の場合のような直接的な感情対立は生じません。そこではクライエントの抵抗は軽減され、同時に現実の自己との対決が図られ、自己への気づきが促されます。仮にクライエントと援助者（カウンセラー、ワーカー）との間に対立感情が生じたとしても、ロールレタリングのなかでそれを取り上げていけばよいのです。

2 ロールレタリングによる対決とは何か

ひと口に他者の立場になって自分を見るといっても、自分のありのままの姿を直視するのは容易なことではありません。内心の醜悪な自分など認めたくない、という自我の防衛機制が無意識に働いてしまいます。そこで、自分の問題を凝視させて真に自己と対決するためには、まず意識的な立場の交換によって、冷静で客観的な視点から自己に直面させることが必要となります。そのためには、一般化された他者ではなく、クライエントとかかわりの最も深い人物を他者として選定し、その人物の立場から自己を直視させるのです。しかし実際には、この他者の立場から深く自己をとらえるのも難題となります。そこで、ロールレタリングでは、援助者が、クライエントの問題に直視させるための課題を選定して、これに対決するよう援助していくのです。

課題ロールレタリングによる対決といえども、援助者とクライエントという二者の信頼関係においてクライエント側に抵抗が生じ、カウンセリング関係に支障をきたすのではないか、という懸念が起こります。しかしロールレタリングは、援助者が直接クライエントにはたらきかける関係ではなく、クライエントの心のなかに存在する他者を媒介とする三者関係です。つまり、他者を借りて行う対決技法なのです。援助者とクライエントの間接対決によって自己の問題に気づいていくのです。

ロールレタリングでは、自己の内界に取り入れた他者との対決になりますので、そこには自己受容が働きやすく、対決の裏面には、自己受容の可能性が秘められています。自己受容と対決が同時に行われるために、気づきが比較的容易に行われることが臨床事例からも認められます。ロールレタリングの特色は援助者の介入による自己対決といえましょう。

3　ロールレタリングによる受容とは何か

「受容とは相手を評価的・選択的に認知しないことである。面接場面で受容というのは、相手の行動や会話の内容をすべてそのまま肯定してしまうことではない。それは単なる甘やかしに過ぎない。問題は、相手がそのような症状や問題行動という形でしか自己表現できなかった心情を受け止めてやることである。さまざまな歪んだ、ひねくれた、つっぱねた形で表現している行動の背後にある憎しみや悲しみを認めてやることである。さらに言えば、それらの感情の生じた背後の彼の欲求、それをそういう形でしか表現できなかったつらさを理解してやることである」（前田重治『面接の人間学』一九八一年）。

前田先生のいう受容もロールレタリングにおける受容も目的を同じくするものと考えられます。

筆者は、ロールレタリング内容についてはクライエントのプライバシーを尊重し、誰にも気がねなく自己開示できるように配慮しています。たとえば、クライエントの心の動きを知りたいときには、ロールレタリング内容をクライエント自身に読んでもらうことがあります。しかし、クライエントが聞かせたくないさわりの部分は省略してもよい、あるいは読まなくともよい、とロールレタリング導入時に伝えるようにしています。

なお、ロールレタリングを読んだこと、または面接時に用いた発言に対し、その内容や言葉の背後にある苦悩や悲しみなどを傾聴し受容する態度をとっています。しかし、読者のなかには、カウンセリングにおける受容という概念によってロールレタリングを理解しようとして戸惑いを抱かれる方もおられましょう。ロールレタリングの場合は、自己の苦悩やうらみなどを綿々と訴えるその書面は、実際に相手に読まれることはないので、直接非難されたり、また相手の顔色をうかがう必要もないのです。書面は赤面しない。ロールレタリングでは、誰にも気がねなく、自由にまた率直に、自己開示することができるのです。

カウンセリング関係で、自己開示したために、あとで気に病むことを経験したのは筆者だけではないでしょう。しかしロールレタリングを書いたあと、「気持ちが落ち着いてきた。すっとしてきた。もやもやがすっきりしてきた」などと述べる人が多いのですが、これは自己開示による緊張解除反応といえるかもしれません。

ロールレタリングでは、自己開示によって実際の対人関係が悪くなる、といった懸念や不安はほとんどありません。むしろこれを一つのルールとするとき、自己のうっ積した感情を内界にいる他者に自由に表出することにより、無条件の自己受容ができると考えるのです。カウンセリングにおける受容とロールレタリングによる受容とはこの点が異なります。ロールレタリングでは無条件の自己開示によって素直に自分をみつめる過程で、自らをありのままに受け止めることができ、最終的に自己の問題の気づきに至ります。これがロールレタリングにおける自己受容であり、交流分析でいう自他肯定の構えの獲得とも言えましょう。

4　ロールレタリングによる受容と対決の心理過程

・心のしこりをやわらげる
・心のしこりの内容が表出する
・心のしこりが明確化する
・心のしこりと対決する
・心のしこりが解け、自己の問題性に気づく

第一段階　自己（本人）＝悩み、苦しみなどの背後にある欲求不満や不安を他者（内的対象）にぶつける（交流分析でいうACの自我状態）。他者＝相手の過去の行状について批判的、懲罰的に訴える（CPの自我状態）。

第二段階　自己＝欲求不満や不安から問題行動に走らざるを得なかった感情や思考を自由に表現する（FCの自我状態）。他者＝相手が苦悩、不安などの内心を率直に告白したことに対し、共感的、受容的な態度を示す（NPの自我状態）。

第三段階　自己・他者双方から問題解決についての対決過程で互いの立場を客観的・理性的に認識し、心のしこりがとけ、自己の問題性に気づくことによって自他肯定の構えのもとで妥協し、ついには統合に至る（Aの自我状態）。

六　ロールレタリングによる思考・感情の表現過程

ロールレタリングの初期の段階では、自分から相手に対して、内心にうっ積する反感、憎悪、欲求不満などを訴えます。この場合、主観的・感情的表現の量は大きなスペースとなります。他方、自分が相手の立場になって訴える表現の量は、初めての経験であるだけにきわめて少ないが、それは当然といえます。

中期の段階に進むにつれ自己から他者へ、また、他者から自己への思考・感情の表現の量と質は変化します。初期における主観的・感情的表現は客観的・理性的表現へと移行していきます。

後期の段階になると、自己の問題性などを認め始めますが、相手の立場を肯定するにつれ、他者の立場から自己の問題性を批判する思考・感情の表現が増大します。この経過を経て、最終的には心理的妥協から統合へと進み、終結を迎えることになります。

七　事実に焦点を当てた対決のあり方

現実療法においては、「自己の無責任さを認めてほしいと願う患者は、いかに苦しんで現実と闘っているにせよ、その現実を指摘し続ける力をもつ必要がある」といいます（グラッサー）。非現実的な世界に逃避しようとする過去・現在の無責任な態度を指摘し、その問題性を直視させる力こそ対決そのものなのです。この点でロールレタリングはまさしく自分自身による問題性への対決法といえましょう。

この対決方式をとるに際し、ロールレタリング内容、行動観察などからクライエントの思考、感情、行動に見られる矛盾や不合理性、非現実性、自己敗北的な傾向などと対決するために課題ロールレタリングを提示します。

以上の論点を示すためにアルコール依存症の患者にロールレタリングを適用し、自己の無責任な事実に次々に対決を迫った事例を紹介しましょう。

ロールレタリング（役割交換書簡法）によって救われる　（S・N）

私が断酒会に触れて以来十六年になろうとしておりますが、そんな古株の私が、数年前までの生々しい体験を発表することは、まことに恥ずかしいことです。しかし、この体験を発表することによって、完全断酒二年目をすすんでいる自分への戒めと激励にしたいと思います。そしてまた、失敗が重なっても、断酒会に繋がっている限り必ず断酒できるという証しにしたいと思います。

今から二年前の十月初旬、アルコール専門病院に入院中で、自分の境遇についてあれこれ思いめぐらしては、悶々とした日を送っておりました。

体は肝硬変の一歩手前で、おまけに振顫《しんせん》に悩まされていました。家庭は、長い間、酒で苦しめ続けてきた妻と子供たちから見捨てられて別居という状態。そして、仕事はできなくなり、休職という首の皮一枚を残した状況でした。このように、身体的にも家庭的にも、また社会的にもどう考えてももはや救いようのない自分の境遇でした。

しかし、ちょうどその頃、春口という臨床心理の先生との出会いがあり、私の立ち直りのきっかけが与えられました。先生のご指導は、ロールレタリング（役割交換書簡法）といって、手紙のやり取りの形で行う心理療法でした。先生が出される課題のもとに、私が妻の立場となり、子どもの立場となって、私自身と手紙のやり取りをするというやり方です。（これは、実際に手紙のやり取りをするのではなく、すべて私の頭の中、胸の中で行われるものです。）

このロールレタリングは私にとって非常に厳しく、辛くて苦しいものでした。それは、振り返りたくない自分の過去を洗いざらい思い起こさせ、触れたくない自分の醜さを否応なしに目の前に突きつけるものでした。まさに自分自身と対決することでした。

思い返せば、私は二十歳過ぎ頃から酒を始め、またたく間に酒量が増えていきました。妻に何度も酒をやめるという誓約書を書きましたが、すべて反故にしました。それどころか、ますます隠れ飲みを続け、身体もこわして入退院を繰り返すようになりました。断酒会に入会した後も飲酒を続け、飲酒運転をして帰宅することも度々でした。このように、私はもう酒なしでは生きられない状態になっていました。こんな男を夫に持った妻の気持ち、こんな男を親に持った子どもの気持ちを、当時の私は思いやることもしませんでした。私は本当に馬鹿者でした。妻子や家族を苦しみのどん底に追い詰め、家庭裁判所の調停でとうとう別居という状況になってしまったのです。私は、こうした過去を振り返らされ、自分という人間が恐ろしくなりました。しかし、春口先生は、容赦なく「僕は、大人の仮面をかぶった三歳児なのだ」、「愛されることは知っていたが、愛することを知らないあなたへ」という課題を突きつけ、私の自己中心的な面を抉りだしました。さらに「酒害ではなく、酒罪（酒の罪）なのだ」と迫り、私の罪の深さを思い知らせてくださいました。そしてまた、「あなたは、一滴の酒も飲まないという強い信念と願望があるのか」と、断酒の決意を促しました。

このロールレタリングは十カ月間続きました。私は身の置きどころがないくらい苦しみましたが、そのことを通して、自分がどんなにつまらない人間であるか、どんなに醜い人間であるか、痛いほど悟らされました。自分を反省する気持ちがなかった。他に対する感謝の気持ちがなかった。人への愛情や思いやりの心に欠けていた。そういう私でした。

私はこの二十年、妻子や家族を苦しめ、深い心の傷痕を残しました。また、周囲の人々に迷惑をかけ、信用を失ってきました。これはすべて、私が酒を飲んだためです。私にとって酒は、自分だけではなく他の人までも害する毒薬です。私は酒を飲んではならない、飲めない人間なんだと思い至りました。そしてこれからは、妻子・家族をはじめ、周囲の人々に罪の償いをしていかねばならないということが、やっとわかったのです。

去年、退院し、以来妻と生活しています。あれほど苦しませた妻ですが、私の立ち直りを神に祈り続けてくれていたのです。最後の賭けをしてくれた妻の気持ちをしっかりと受け止めねばならないと思っております。子供たちも私の思いを分かってくれ、父親として慕ってくれます。感謝でなりません。

私も、職場の方々の温かい配慮で、この六月には職場復帰をすることができました。そして現在、職場でも家庭でも本当に平安な日々を送らせていただいております。

過去二十年間、あれほど心から離れなかった酒が、今では意識にも上がらないとは信じられないことです。こういう酒から解放された心境になれたのも、ロールレタリングが大きなきっかけでした。

春口先生、断酒会の皆様、かかわってくださった方々に感謝の気持ちでいっぱいです。

私の今後の課題は、単に断酒をするというだけではなく、断酒新生をしていくことです。断酒を通して新しく生まれ変わった人間として生きていこうと思っております。

人に対して、感謝の気持ちと思いやりの心を持ちつつ、自己変革にたゆまない人間になりたい、そういう心がけで毎日を送っております。

〔春口注：これは、二〇〇九年、全日本断酒連合会全国大会で、五千人の前で体験発表されたものです。〕

八　ロールレタリングによる統合の意義

かつて、杉田峰康先生からうかがった「統合の過程」のお話を紹介します。

統合の過程について考えてみましょう。春口先生のお話にもあった多重人格とは、まさにバラバラになった断片的な自己の不統合です。父親、母親、家庭教師、学校の先生、あるいは脅えた私、はしゃいでいる私、悲嘆にくれた私など何の統合もとれずに、それぞれの断片的な人格の一部が、段階、段階に出てくる状態といえるでしょう。

今後わが国でも、多重人格が増えると予測されますが、これをどのようにして統合した人格にもどしていくかは、ロールレタリングにとっても大きな課題となります。

米国では多重人格の基盤とされる虐待と家庭崩壊が増えており、親子のコミュニケーションが弱体化してきています。日本は、だいたい十年ぐらい遅れてアメリカの後を追うという法則があるようですが、アメリカと同程度に離婚率や犯罪の発生率が増えれば、日本にも同じような時代がやってくることが予想されます。

この予想のとおり二〇〇七年三月には「児童虐待の増加」に関する内閣の調査があり、さらに今日はＰＴＳＤや境界性人格障害が増えていることは周知のとおりです。これらの患者の中には、「見捨てられ、抑うつ、不安、しがみつき、自傷、他害で治療困難で長期治療を要する」ケースが多いと言われます。これらの障害がもたらす家族の深刻な苦悩などを考えると、その多重人格障害の治療は、早期発見治療がきわめて大切なことは言うまでもありません。

筆者は多重人格の研究はロールレタリング研究の集大成となるものと深く認識しています。

（二〇〇一年）

〔引用・参考文献〕

丸田俊彦「想起・イメージ・洞察・治療」『季刊精神療法』一七巻三号、金剛出版、一九九一年

遠山敏編著『矯正・保護カウンセリング』日本文化科学社、一九九〇年

前川重雄「論理情動性療法の更生保護カウンセリングへの導入」『犯罪と非行』七九号、一九八九年

杉田峰康監修・春口徳雄著『ロール・レタリング入門』創元社、二〇〇一年（新装版）

杉田峰康監修・春口徳雄編著『ロール・レタリングの理論と実際――役割交換書簡法』チーム医療、一九九五年

前田重治「面接の人間学」『月刊教育と医学』慶應義塾大学出版会、一九八一年

2章　ロールレタリング技法の開発

はじめに——本法の名称に至るまで

ロールレタリングの技法について述べる前に、その源泉を紹介させていただきます。

拙著『役割交換書簡法』（創元社）を読まれた鹿糠尭順先生（少年院篤志面接委員・保護司）は、「この技法は、日蓮聖人が立正安国論、開目抄を書かれたとき、日蓮聖人自らが主人となり客人となり書かれた技法と同じである」と言われ、さらに先生は「日蓮聖人は立正安国論を発表された後、竜の口の法難など多くの迫害をうけ佐渡に遠島され、その地で、立正安国論、開目抄に続いて観心本尊抄を著わされました。日蓮聖人にとって、これは自内証、すなわち、悟りをそのままの形で展開した著述であり、両書とも『問うて曰く』『答えて曰く』という問答の形で論旨が進められ、北条時頼と烈しいダイナミックな問答を繰り返して、教義を明らかにしようと努力されました」と筆者に教えてくださり、さっそく、田村完誓訳『日蓮立正安国論』を筆者に届けられました。先生は、ロールレタリングの研究は、法華経を信ずる者の仏縁と衷心より感謝しているとして、ロールレタリングに強い関心を示されましたが、六十歳をもって遷化されました。

内観療法の創始者である吉本伊信先生も、もともと浄土真宗に伝わる「身調べ」にヒントを得たといわれ、その源泉は釈尊の教えに発していると
お聞きしています。また、森田正馬先生がはじめられた日本独自の森田療法には禅の精神があると聴かされ、わが国で生まれた精神療法は、仏教の影響をうけた精神的風土に起縁したものが少なくないものと思われます。

筆者に研究動機を与えてくださったのは、和田英隆法務教官であります。ゲシュタルト療法の空椅子の技法にヒントを得て、対話の方式を変えて生徒に書かせた「母から子どもへ」と題された作文を、筆者が巡回中に教官室で見た瞬間、心理技法の課題に強烈な示唆をうけ、その日から自ら役割書簡法（ロールレタリング）を体験し、また、少年院や小・中学校の生徒たちにロールレタリングを導入し、本法の理論の構築と効果の検証をすることが筆者のライフワークであると決意したのです。

一九八四年に筆者は執務室に和田英隆・高林生剛・福田一喜の各教官を招き、話し合いの結果、本法をロールレタリング（役割書簡法）と名付けました。同年に筆者が日本交流分析学会大会で本法を発表して以来、はや十四年が経過しました。

その後、国分康孝先生（元筑波大学教授）は、「春口徳雄はロールレタリング技法の提唱者である」と『ＰＨＰ』誌（一九九四年七月五五四号）で紹介してくださいました。

なお、役割書簡を役割交換書簡に改めたのは、林勝造先生（東京矯正研修所長）から、役割書簡と

いう名称は役割活動などとまぎらわしいので、役割交換書簡と名付けたほうがいいのでは、とご助言を受けたことによります。（一九九八年）

一　ロールレタリング学術研究の現状

ロールレタリングの研究はこれまで多くの実践家の臨床経験から、さまざまな活用のあり方を中心に研究が進められてきました。こうした研究は大別して四つの技法としてA方式、B方式、C方式、D方式があり、さらには多重人格障害の臨床研究や社会のニーズに応じた研究も進められています。

1　ロールレタリングA方式（個人対象）

この方式は、個人を対象とした実践方式です。

カウンセリングによる対決は、カウンセラーがクライエントに非論理的・自己敗北的な矛盾に気づかせる高いレベルの心理技法であり、それだけに両者の出会いによる対決では、ときに、思考・感情に微妙な喰い違いが生じ、対決のあり方いかんによっては、自己の問題性に気づく転機になるか、逆に自己を傷つける体験に終わるか、という両刃の剣になりかねません。それだけにクライエントの矛盾点に焦点を当てて対決することは、カウンセラー側に長年の臨床経験を必要とします。これに比べ、ロールレタリングによる対決は、クライエントと最もかかわりの深い対象人物との往復書簡による自己対決であり、直接的な感情の対立は生じることはありません。そこではクライエントの抵抗は軽減され、同時に現実の自己との対決も図られ、自己への気づきが促されることをねらいとしています。

また、カウンセリングによる面接過程では、あたかも自己を反省し改善へと進むかに見えるものの、思考・感情の様式が一人よがりの錯覚、独善性に停滞しがちになることがあります。ロールレタリングではこれを自己と他者の双方の視点から冷静に客観視することにより、自己の問題性に気づき、現実吟味能力を高めることが期待されます。

さらに、ロールレタリングではイメージ脱感作のあと、ケースワーク的アプローチを加えることで、現実脱感作による現実適応を図ることができます。

2 ロールレタリングB方式（集団対象）――死の教育を含む

一九八五年に小・中学校においてクラス集団を対象とした新たなロールレタリング研究を実践したところ、一般の学校教育現場において、本法がいじめ問題の予防または解決に寄与することが確信されました。これがB方式です。

当時の学校現場では、今日ほどいじめ問題には強い関心はみられなかったのですが、ロールレタリングを試行したところ、親↔子、教師↔生徒の実践のなかで、いじめによる悩みが多く表出されました。いじめを含め、いろいろと苦悩する子どもに対する学校教育現場での指導において、子どもの内心にある欲求不満や不安を表出させ、教師の指導のもと、クラス集団で、フォーマルな時間、場所、手段を用いて誰にも気がねなく自由に内心を訴える心理技法としてロールレタリングを導入しました。この手法は個人療法としての機能を失うことなく、集団のなかでの個別心理療法としての効果が期待されます。

ロールレタリングは他者に書簡を見せない、読ませないという守秘機能を基盤としています。最近、神戸の凶悪な児童殺害事件や、いじめによる自殺などを契機として、心の教育の重要性が強調されています。しかし、こうした社会病理の深刻化に対して具体的方策を見い出し得ないのが現状です。まして、児童・生徒の共感性、感情移入的理解、自制心、現実吟味などの能力が期待さるべき発達段階において、さまざまな問題行動の増加傾向を強めていることは周知の事実です。

筆者はこれをふまえ、「生と死の教育」こそが教育の原点と考え、「ロールレタリングによる心の教育の研究」を今後の最大の研究課題として着手する決意を抱きました。絶望や挫折感からつい仮想、非現実に逃避しがちな児童・生徒に対し、「遺書体験」によって生と死に直面することで生き抜くことの大切さを実感し、すでにロールレタリングの実践で手ごたえをつかみはじめています。

今後は、中学・高校における生と死の教育の指導プログラムの開発が望まれます。教育現場において、児童・生徒の発達の諸段階に合わせて、生と死の教育をいかに導入すべきかという研究は、わが国においてはいまだ体系化されていません。それだけに、この領域の研究は緊急にして重要な課題といえましょう。

こうした展望を持つに至ったのも、教育現場ではロールレタリングは守秘機能を持ち得ること、また個別心理療法によるメンタルヘルスの方法として生と死の教育が可能であることが見い出されたからです。

3　ロールレタリングC方式（告白・守秘機能の高い自己カウンセリング）

とくに性的虐待のような家庭・学校でのいい知れない恥辱的な問題で日々悶々と苦しんでいる人々の中には、ひそかに自己の悩みを解消できる自前の心理技法の出現を期待する人も多いものと考えられます。

二十一世紀は、自我の脆弱・未熟性など精神病理からくる苦悩・不安等の増加も懸念され、精神科が今まで以上に重視される時代の到来も予想されています。社会環境の歪みや家族病理がもたらす人生の苦悩・不安等を単独で誰にも気づかれず、自己治癒に至らせたいという欲求は強くなるものと思われます。なぜなら、時代はすでに高学歴社会に移行しており、一定の知的レベル、理解力、実践力を持ち、適切な形で心理療法を習得する機会を得ることができれば、自己の苦悩・不安に対する力を発揮することが可能となるからです。そこでロールレタリングは、自己の苦悩を自らの力で治したいというクライエントに対して一つの自己改革の方法を提示することができます。さらにこの着想の背景には、学校現場や一般家庭におけるパソコンの普及、インターネット・ホームページによる新しいメディアの時代の到来があります。

パソコンを活用した自己理解や対人技術の訓練のためにソフトが開発され、自己の問題を解決する心理的アプローチの時代を予測するとき、ロールレタリング研究に新しい展望が期待されるでしょう。

4　ロールレタリングD方式（解離性同一障害の治療）

最近、欧米諸国における新たな精神病理に関する報告の中で、離婚・再婚の増加の結果、義父・母の連れ子に対する性的虐待、暴力による多重人格の発生が注目されています。将来、わが国にもこれらの問題が起こることが予想されるため、その対応策として、こうした障害者を治療対象としたロールレタリングのD方式を提唱したいのです。この治療は、長期間を要するといわれるだけに早期発見、早期治療が大切といわれ、筆者はこれまでに四事例の臨床を体験してきました。

恩師の杉田峰康先生は、「ロールレタリングへの応用として、ロールレタリングでは手紙の中に自己の内面が投影され、バラバラに投影された部分を取り戻すには、外界や他者に自分を投影させる方法が有効である。手紙の中で実際に父親になったり、母親になったり、先生になってみるという方法で投影されたものが取り戻され、性格の統合が始まる。多重人格とは、まさにバラバラになった断片的な自己の不統合の状態である。悲嘆にくれ、なすすべもなく自我の統合もされず、不穏ないくつかの人格が出てくる状態である。これをどのようにして統合した人格にもどしていくかがロールレタリングにとって大きな課題となるであろう」と想定されています。

筆者はこのアドバイスに従って多重人格の研究に取り組んでおり、これがD方式です。

二　最近の研究と課題

目下、筆者は研究テーマとして、次のことを強調しています。

①ロールレタリングによる進路指導に対する自己決定

中学・高校での進路指導は一生を左右しかねないだけに、本人自身はもちろんのこと、教師も家族も進路の決定には苦渋し葛藤しております。そこで、ロールレタリングの適用が考えられます。「進路について」（私↔親、私↔教師、私↔自分の実力、私↔将来の希望）のテーマを実施し、自己洞察および現実検討能力を高めた上で三者面談に入り、客観的、妥当的、自己肯定的な進路指導をともに考えます。

②美容整形手術に対する自己決定

思春期は、人知れず自分の容姿などに悩む多感な時期でもあります。他者から見ると何も気にすることのない容姿でも、本人はひどく悩み、これにこだわり続け、劣等感に陥り、学業も手につけられないほど苦悩するケースもみられます。これにロールレタリングによってアプローチしてみてはどうでしょうか。

たとえば、「私の鼻について」（私↔鼻、私↔父、私↔母、私↔夫）を実施し、自分の容姿に対して自己を客観視し、理性的判断と現実吟味能力を高めることが期待されます。ある患者は、自己の容姿に強い劣等感を抱き、これにこだわり続けた結果、緊張感が高まり人前で話すことができず、緊張感を和らげるため、飲酒にのめり込み、アルコール依存症になりました。この患者に対し、ロールレタリングを導入し、そのこだわりを解消した事例があります。

なお美容整形手術では、その実施を決定するにあたって精神科医の介入の必要が考慮されます。この点で、ロールレタリングによる介入もあり得ましょう。

③ロールレタリングによる保健教育の適用

ある保健所で、初産婦に対する精神衛生としてロールレタリングを実施しました。ロールレタリングの後期で、彼女は生まれる赤ちゃんのために頑張らねばならないと涙を流しながらロールレタリングを書き続けたといいます。後に初産の不安、苦悩、葛藤などに対し、力強く愛情と希望をもって出産に望むことができたという報告を受けました。

具体的には「お腹の赤ちゃん」（私〈妊婦〉↔お腹の赤ちゃん、私↔夫、私↔父母）とのロールレタリングを実施したのです。

しばらく前から、『ＥＱ――こころの知能指数』（ダニエル・ゴールマン）が教育界でも強い関心を寄せられているといいます。この本の中に、「被験者たちに、（中略）現在頭を悩ませている問題について、一日十五分ないし二十分かけて文章を書くという作業を五日ばかり続けてもらうのだ。被験者は、自分の書いた文章を提出したくなければしなくてよいことになっている。／この告白は驚くべき効果をもたらした。被験者の免疫機能が高まり、実験後六か月間の通院回数が減り、（中略）なかには肝臓の酵素分泌が活発になった」人もいるという報告が書かれています。これは、治療者を信じて自己開示し、無条件に受容された被験者がありのまま書くことによってもたらされたカタルシス効果とも考えられます。なお、いじめ問題について苦慮している教育現場では、「今まさに子どもたちの声を語らしめるような児童や生徒の心理学が求められている」といいます。（岩田純一・京都教育大学）。

筆者らは今、教師の前で、いじめの被害者も加害者も、ロールレタリングというフォーマルな手段で、フォーマルな場所と時間に、内心にうっ積する苦悩や欲求不満を率直に訴えることによって、問題解決を図る研究を行っております。

ロールレタリングが学校教育現場に徐々に導入され、ＥＱのいう「衝動を自制し、不安や怒りのようなストレスのもとになる感情を抑制する能力、他人の気持ちを感じる共感能力、集団の中で調和を保ち協力しあう社会的能力」を高めることを目的として、今後も研究に努めていきたいと考えております。（一九九六年）

〔引用・参考文献〕

ダニエル・ゴールマン著、土屋京子訳『ＥＱ――こころの知能指数』講談社、一九九六年

篠原佳年『快癒力――そのイメージを変えれば健康になれる』サンマーク出版、一九九六年

杉田峰康監修、春口徳雄編著『ロール・レタリング（役割交換書簡法）の理論と実際』チーム医療、一九九五年

春口徳雄「ロール・レタリングによるメンタルヘルス—いじめ問題について」『交流分析研究』第二一巻第二号、金子書房、一九九六年

3章　認知行動療法としてのロールレタリング

一　認知行動療法とは

一九八七年から今日まで、ロールレタリングによる非行、いじめ、アルコール、薬物依存症、境界性人格障害・多重人格などの臨床につとめてきましたが、筆者はロールレタリングこそ認知行動療法の主軸と考えるに至りました。まず、岩本隆茂先生らの『認知行動療法の理論と実際』から一部を引用させていただきます。

「認知療法とは、人間の認知の過程に焦点を当て、その歪曲部分を修正することによって、症状消失をはかる一種の短期精神療法であり、抑うつ状態、不安性障害、恐怖障害、等の精神科疾患に対するその効果が注目を浴びている」

次に、町沢静夫先生は『日本人に合った精神療法とは』で次のように述べておられます。

認知行動療法とはどのような療法なのか、その六つの特徴を見ていきましょう。

①治療者と患者を同等のものと考え、共同して治そうとする……フリーマン（Freeman, A.）は、認知行動療法はいくつかの実際的、あるいは理論的な過程をもっており、心理教育的アプローチを強調していると述べています。この方法によって、患者は自分の障害の性質を知り、それを治療的な戦略を使う際の指針にしています。この点で、フロイトの権威主義とは異なるのです。

②「宿題（homework）」や自分を助ける「課題」をもつ……宿題や課題によって患者が治療の方法を実践し、治療時間外にも常に生活過程で治療を継続します。それはまた時間を制限して簡潔に行われます。

③精神障害を客観的に評価する……客観的評価は治療目的のために重要であり、治療の戦略を選ぶに際して、この精神医学的な評価がもとになります。

④患者に指示や助言を与えながら治療をすすめてゆくので、治療者の高度な能力が要求されます。

⑤多くの精神障害に対して、認知的（主に思考やイメージを修正することに焦点をあてる）あるいは行動的（主に目に見える行動を修正することに焦点をあてる）な治療を用います。

⑥経験的な事実から治療方針をうちたてる……経験的な事実は理論的な方向づけに根拠を与えるもので、治療のテクニックを選ぶのを導く役割をもちます。

認知行動療法で、「ベックは、人の心は自動思考とスキーマという二つの主なる情報プロセスが存在すると考えた」といいます。自動思考は、経験や行動をかたちづくります。スキーマとは中核的な信念のことであり、認知行動療法で使われている質問のテクニックを通じて、つきとめることができると考えられています。それは、その人が持っている人生の信念のようなもので、ベックやフリーマンは、このスキーマがいろいろな認知的な歪みをもたらしている環境からの情報を選択しフィルターにかけ、コーディング（記号化）するといっています。

基本的なルールを含む「スキーマは、幼児期の初期から形づくられ、その人の人生に影響を与えているものである」といわれています。

これに呼応して、ロールレタリングの理論的基盤について考えてみましょう。

二　ロールレタリングとゲシュタルト療法

ゲシュタルト療法は、個人がもつ両極性の対決を図る体験療法の一つです。精神内界の矛盾やジレンマに焦点を合わせ、気づきを促すとき、治癒力としての心のホメオスタシス（恒常性）が作用し、ジレンマが解消されるという考えに基づいています。すなわち、相対する二つの力は、ありのままの姿で戦う機会を与えられると、相手の存在を知るようになる、あるいは互いに相手方を許し妥協を求めるようになる、という想定です。

精神分析的に見ると、これはアンビバレンス（同一対象に対して二つの相反する感情を抱くこと）、あるいは秘密の処理に対応するものと思われます。人は自らを変える過程で、自分自身にも秘めていた事柄をジレンマとして、すなわち内心の葛藤として捕らえることができるようになるのです。

こうしたゲシュタルト療法の考え方を応用して、自分自らが自己と他者という立場から、書面による役割交換を重ねながら、内心の矛盾やジレンマに気づき、自己の問題解決を促進することができます。ロールレタリングはこういう仮説のもとに心理療法の仲間入りをするに至ったのです。

三　ロールレタリングの臨床的仮説

①文章による思考・感情の明確化

ロールレタリングを行った少年たちは、自分の考えや感じを文章にうまく表現できたと感じたとき、初めて自分のそれまでの考えや思いがはっきりわかってきたと述べています。これは、文章表現によって思考・感情が明確化されることを意味するものといえるでしょう。

②自己カウンセリングの作用

ロールレタリングは感想文や作文ではなく、過去を想起し、現実を直視し、思考をめぐらしながら、当事者それぞれの立場にたって、自分の気持ちや考えを相手に訴えるという仮想書簡文です。この手紙は自分が差し出し人であり、受け取り人です。相手が実際に読むこともありません。つまり守秘機能をもつので、自由で率直な表現が可能になるのです。

自由で突きつめた感情、思考、表現が許容されるなかで、あいまいな感情や浅薄な衝動的行動が徐々に明確化され、分化され、往復書簡を重ねるにつれて自己の問題性に対する人間の成長が進みます。この過程は自己カウンセリング的作用とみなすことができます。

③カタルシス作用

ある少年はロールレタリングのなかで義父へのうらみ、つらみを寝ないで四時間も便せん二十二枚に書き続けました。そのあと、「もう義父に言いたいことはすべてぶちまけた。あとは義父と母が幸せを求めて生きてほしいと思う。私は自分なりに迷惑かけないように生きたい」と話しました。このような事例からもロールレタリングはカウンセリング効果が期待されます。

④対決と受容

ロールレタリングは、はじめの役割交換によって相手の立場に身をおいたのち、これを受容しようという段になると、相手からの敵意など否定的な感情が素直に受容できないことを体験します。ここにアンビバレンスやジレンマが生じます。しかしロールレタリングを重ねるにつれて、このような対決から受容、そして心理的統合へと進むことがみられます。

⑤自己と他者、双方からの視点の獲得

ロールレタリングによる役割交換は、自分のなかに相手の目をもち、その目で自他を見直すところに、一つの特色があります。

ロールレタリングを行ったある少年は、「これまで私は窓ガラスから外をなにげなく眺めて過ごすような生き方をしていたが、景色や他人の姿しか見えなかった。しかしロールレタリングという下敷きに親という絵を書いて窓ガラスの裏にこれを当ててのぞくと自分の姿が見えてくる」と述べました。自分の中に相手の目をおいて、その新しい視点から自分を見ると、人間関係を客観視することができるようになります。

⑥ロールレタリングによるイメージ脱感作

ロールレタリングを重ねるとイメージが想起されるようになり、これまで誤って持っていた自己イメージが客観的、妥協的、事実評価的なイメージへと変化します。

⑦自己の非論理的、自己敗北的、不合理な思考・感情に気づく

ロールレタリングによって、互いに訴える過程でこれまでいかに非論理的、不合理で自己敗北・自傷的思考を繰り返してきたかに気づくことができます。

⑧技法的折衷主義認知行動療法

ロールレタリングは、クライエントが思考・感情・行動をイメージし、自分一人で自己と他者の立場になって「問うていわく、答えていわく」という問答方式を文章化し、記録するという役割交換書簡法であり、まさしく自動思考を引き出し、技法的折衷主義認知行動療法としての長所を有しているといえるでしょう。

⑨癒しの効果

書くという行為を通して「自己との対話」を行うのみでなく、その過程で気づきを深め、書き上げたときには創造の喜びやカタルシスによる癒しの効果が生まれるようです。

テキサス大学のＪ・Ｗ・ペネベーカー博士は、「書くことは、心身の健康を改善し、内省を促し、考えや気分の洞察を深めさせる。そして、心の奥底にある感情に向きあって書いていくことで、心にある問題の解決に役立ち、心の平安を取り戻し、自分を客観的に見つめることができるようになる。さらに、トラウマについて書くことは、トラウマを組織化し、その結果、心が解放され、ほかの課題に取り組む勇気が出る」と述べています。

書くことは、心身を解放したり、自己の内面と対話し、問題への気づきを促したりする方法として、きわめて有効な作業であると考えられます。

（二〇一〇年）

四　ロールレタリングによる認知行動療法の実際
――自分の人生は自分で切り拓く

はじめに

悩んでいるあなたは、今、自分の心情を誰にぶつけたいですか。たとえば、親、妻、兄弟、または友人など、誰かを選んで手紙を書いてみてはいかがでしょうか。書く意志があれば自分のノートを便箋代わりにして書いてください。このノートは誰にも見せないでください。また、このノートは郵送してもいけません。あなたのプライドを尊重し、守秘機能をもち、自分自身で保管してください。

今度は、この手紙を読んだ相手の立場になり、この手紙に返事を書いてください。自分一人で、自分から相手へ、次には相手から自分自身へ手紙を交換し合うため、役割交換書簡法（ロールレタリング）とよんでいます。この手紙交換を重ねることによって、自分自身でこれからの生き方に気づくことを筆者は願っています。気づきとは治療そのものです。「心の鉱脈を掘り当てましょう」（河合隼雄先生）。

1　手紙療法――子供の心強く

岡本泰弘（医学博士・久留米大学高次脳疾患研究所）

これからは、子どもたちが自ら成長していこうとする力に働きかけ、心のホメオスタシス（恒常性維持機能）を回復させていくために、指導・援助が求められてきていると思います。

その一つの方法として、ロールレタリングがあります。ゲシュタルト療法の空椅子の技法にヒントを得て、一九八四年に西九州大学名誉教授の春口徳雄先生が日本交流分析学会において初めて提唱した心理技法です。

ゲシュタルト療法とは、人が持つ両極性（プラスとマイナスの思考や感情）の対決を図るもの。空椅子の技法とは、「チェアテクニック」と呼ばれるもので、自分の前に置かれた椅子の上にイメージの中の自己や他者、物などを座らせて対話する技法です。この椅子の代わりに手紙を用いるのがロールレタリングです。

まず、相手を設定し、自分が思っていることや感じていることを思いのまま手紙や文章で訴えます。数日置いて、今度は手紙を受け取った相手の立場になって自分へ返信を書きます。つまり、一人二役を演じ、往復書簡を行うという自己カウンセリングです。

この手紙の内容は、原則として本人以外誰も見ることはできず、自己内対決が生じ、あいまいだった自己の問題に気づき、成長する方向へと進んでいくのです。この往復書簡を重ねることで、「ストレス発散」「自尊感情の高揚」「共感性の向上」の効果が期待できます。

当初、少年院で矯正療法としてもちいられてきましたが、心の教育や精神の不安定な患者にも有効だと分かり、現在は学校や病院にも導入されています。私は、十年前、ロールレタリングをしたことで、心の治癒力を働かせ、自己実現を果たすことのできた子どもたちと数多く出会いました。

強調したいのは、ロールレタリングはいつでも、どこでもできる心理技法だということです。現在はその効果を脳科学から解明していくために、久留米大学高次脳疾患研究所の森田喜一郎教授の下で研究を行っています。

ロールレタリングで教育や不登校で悩む生徒が一人でも多く救われることを願っています。

2　高齢者にもできるロールレタリング

筆者は、高齢者にも「ロールレタリングによる認知行動療法」によって認知症防止を呼びかけています。ロールレタリングは、自己対決による対話方式で手紙を書くなかで、「考える、感じる、想起する、書く、認知する、行動化を育成する」ことをめざしています。そこで、認知症防止の効果も期待しています。

道徳教育の一つとして、小学生にもロールレタリングが導入されています。その事例を紹介しましょう。

小学四年の児童が、私と亀さんという一人二役を演じて、「私から亀さんへ」という手紙を書きました。「亀さん淋しいでしょう。ガラスのケースに孤立し餌も少なく水も汚れ、悲しいでしょう。大好きなミミズを取ってあなたにあげるから、がまんしてくださいね」という手紙を亀さんへ書きました。これを受けて、「ありがとう。あなたが餌をたくさんくれたり、きれいな水を入れてくれるのでとてもうれしくて、さびしくありません」という手紙を亀の立場になって小学生の坊やが書きました。それから小学四年生の坊やと亀さんとの手紙の交換がはじまりました。お互いに支え合い、はげまし合うなかで、小学生の坊やは亀さんに対して同情心や共感性が高まり、思考力も向上したのです。やがて相手を、いじめない、軽蔑しない、可哀想、という慈悲の心が芽生えるのです。

ロールレタリングの臨床から考察してみましょう。

病院の認知症患者のなかには、「考えようとしない」「共感性に乏しい」「自分の考えに固執しようとする」「過去にうけた被害感情にこだわり続ける」人が多いことを実感しています。

「相手からしてもらったこと、相手に迷惑をかけたこと、相手にしてあげたこと」などが想起できず、報恩感謝を忘れがちです。ロールレタリングは内観法によって指摘されているように自己の問題性に気づき、報恩感謝の念を想起させる心理技法ともいえるだけに、認知症防止に活用したいのです。

3　ロールレタリングの導入の実際

①導入について、まず手紙を書くための対象人物を選びます。

「誰に自分の気持ちを訴えたいのですか」。

信頼できる人。自分の気持ちを素直に聴いてくれる人など心の友を選ぶことを考えます。幼少時から面倒をみてくれた親、祖父母、兄弟、姉妹、子ども、孫などを選ぶことが多いようです。幼少時から家族以上に親和感を抱いている人など、心の友として誰を選ぶかは自由です。ロールレタリングの対象人物として前述のような人を選ぶように方向付けます。

②手紙を出すとき、文章表現が苦手で、作文が下手なので気乗りがしないと思われる人もいます。また、字を書くのが苦手な人もいるかもしれません。

ロールレタリングは、手紙を書いた相手には見せない、読ませない、というのが原則です。これはプライバシーを守るためです。ですから、文章や字が下手でも気にする必要はありません。思ったこと、感じたことを、あるがままに書きなぐってよいのです。書いたあと、その手紙を見たくないときは破り捨ててもよし、また、自分が書いた手紙をもう一度読み返すため、自分で保管するのも自由です。なかには、広告紙の裏紙に書く人もいます。手紙で内心を告白し、ストレスを発散したり、書きなぐったあと、自分の気持ちを改めて考え、これが反省や懺悔となる人もいるでしょう。文章が下手で字も自信がない人でも、この手紙は誰にも見せず秘密を守ることで、ロールレタリングを重ねるうちに表現能力も向上し、書くことに抵抗を感じなくなります。

③ロールレタリングは、余暇の善用として注目されています。

定年退職後、対人交流も乏しくなり、熟年者といえども孤独になると、不安、むなしくなることがあります。そのため脳の働きが悪くなり、「趣味、興味がない」「人の話を聞き流す」「せっかくの楽しい話し合いも疎遠となり、途中で違うことを考える」ということが脳科学者からも警告され、老化が懸念されます。農業を長年続けている農家の老人は、猫の手も借りたいほど忙しく働き、雑用もこなし、老化防止の環境に恵まれています。

これに比べ都会、地域のサラリーマンは、定年後の余暇の善用として、農家ほど健全な環境には恵まれず、老化防止の必要性が強調されます。デイケアーや福祉センターでの余暇の善用だけでは、脳の活性化を促進するには十分とはいえません。ですから、新聞雑誌や本を読んだり、図書館に行ったり、さらにはロールレタリングを行うことも期待したいものです。

筆者は老人病棟で、思考力もあり、挨拶もされ、気くばりがよく、意欲が見られる人は、長寿になるということを実感しています。これをふまえ、「あなたもできる自己カウンセリング」を提唱し、試行しています。その実践としてこれを高齢者に導入し、脳の活性化をめざしています。

手紙を書くことに対する抵抗感をやわらげるため、「吹き出しロールレタリング」の用紙を作成しました（図1）。

図1　「吹き出しロールレタリング」

・私から↔孫へ
・孫から↔おじいさんへ
・私から↔わが子へ
・娘から↔お父さんへ
・おじいさんから↔孫へ

などの手紙を書いて、相互に伝えたい自分の気持ちを漫画調にしてみました。
この漫画は、再生紙で作成し、自分の思考、感情を思いのままに書けるような雰囲気を描くねらいがあります。また、その用紙の背景には、クライエントの関心を高めるために、自分の居間を想像するための絵を入れてみることを考えました。これは、祖父母、孫が居間でお互いに話し合うようなムードの中でロールレタリングが行われ、茶の間のカウンセリングとして役立つことを願って作成したものです。この漫画調による「吹き出しロールレタリング」による効果について、中学生を対象に脳科学的な検証を考えているところです。

（二〇〇七年）

4　例　証

事例①　中絶……自責の念強く一年　二十歳の学生、彼は連絡ぷっつり

二十歳の学生です。昨年末に妊娠とわかり、重いつわりのため学校にもいけず、一か月、毎日一

人で悩みました。精神状態も普通じゃなくなって、結局中絶を選びました。彼はそれ以来、一度も連絡してきません。

手術してから、私は人殺しなんだと思い、自分を精神的にも肉体的にも痛めつけないと、心が慰められない状態です。自責の念にかられて自殺も考えました。自分の将来を思えばこれでいいんだという気持ちと、どうしてもっと考えなかったんだろうという気持ちが交錯しています。

だれかに相談したり、話を聞いてもらいたいのです。両親には全く話していません。友だちはもう忘れてしまったようで、今さら相談できません。どうしたらいいでしょうか。それとも私は人に頼って甘えているだけですか？

（「人生案内」読売新聞、一九九七年十二月六日付朝刊）

最近、性の解放が進み、このような悩み相談が増加しつつあるといえましょう。この相談事例のように大事な青春時代を、中絶の問題によって深い心の傷をうけ、退学したり、人間不信や自殺未遂などいろんな後遺症に悩み、挫折するケースを見聞しています。

筆者がこの方にロールレタリングを行うとしたら、次のようになりましょう。

①自分自身の感情に焦点をあてる

相手の彼に怒り、憎悪を訴え、中絶の悩みから自分を解放したいと思っても、両親に相談したいと思っても、それを言えない辛さ、苦しさ、自分は人殺しをしたのだ、という自責の念にかられ自殺を考えるほど深刻な日々の苦悩。そうした重いマイナスの感情からご自身が解放されることが、まず先決なのです。

いま、あなたは、殺人を犯したという自責の念を癒すため誰にその心境を切々と訴え、心に詫びたいと思いますか。

とくにあなたは、二十歳の学生です。不本意な妊娠とはいえ、相手の学生は、まったく何の連絡もしてこないという無責任な態度に怒り、混乱して内心をうちあけられる相談相手もなく、精神も普通でない状態での中絶だっただけに、すでにこの文面からも罪の意識から自殺まで考えられるほど、あなたは深刻に悩んいるので、彼氏に手紙に書いて訴えてみたらどうでしょうか。あるがままに自分のいまの感情に焦点をあて、自分自身が自分となり、彼氏となって、一人二役で手紙を書く方式がロールレタリングといいます。

この方法は専門性は要求されず、一冊のノートと筆記用具があれば、誰でも、どこでも、いつでもできるのです。いじめや非行の問題などに対処するため、学校教師が集団カウンセリングの方法として活用したり、あるいは、自己の進路、性的な悩み、こじれた人間関係、アルコール依存症など問題を抱える人たちに個別カウンセリングとしても用いられている、新しい心理療法なのです。

②お母さんの感情に焦点をあてる

次に、彼のたんなるセックスフレンドであったことを後悔し、不用意な妊娠の処置に対する罪の意識に悩み、自殺まで考えるほどに追い込まれた辛い体験を生かし、次の課題に取り組んでみたらいかがでしょうか。

あなたのお母さんは、わが子の幸せのためには、いろいろと神経をはらっておられるのです。お母さんは、悲しい表情などから察してあなたの妊娠・中絶の過程で、口には言えないけれど、とても心配されておられたかもしれません。一日も早く以前の健康な心身に回復するためには、あらたな目標を定め、それに取り組むことが大事なことではないでしょうか。お母さんの感情に焦点をあて、「お母さん←→私」を書いてみてはどうでしょうか。

③考え方に焦点をあてる

あなたが、いつまでも中絶は人殺しだということにこだわり続けている限り、ますますあなたの大事な人生を絶望の渕に追い込むばかりです。いまさら過去は変えることができません。あなたが、再び心身ともに健康になり同じ轍をふまないことが、これからのあなたの自己実現への道を進むことになるのです。そのためには、まず、あなたの考え方をお母さんに訴えてみてはどうでしょうか。

「私から←→お母さんへ」課題ロールレタリング「これからの私の生き方」に取り組み、これからどう生きるべきかについて、あなた自身の考え方に焦点をあて、自己カウンセリングをやってみてはいかがでしょうか。

考え方に焦点をあてるということは、なぜ自殺を考えるほど挫折したのかと、いろいろ過去を想起し、これまで意識の奥に隠れていたいろいろな思考を浮上させ、いまこれからどう生きるべきか、別の視点から現実を吟味することを意味します。

現実を直視し、どのような目標を抱き将来へ挑戦していくべきかについて考えてください。自殺まで思いつめてきたあなたです。このエネルギーを今度こそ自立のためのエネルギーに向けてください。ロールレタリングは自己カウンセリングで、誰にも見せない告白機能と守秘機能を有し、カタルシス作用もあり、自己の問題性を冷静に客観視することで気づくことが生ずるのです。気づくことが治療そのものなのです。

④現実課題に焦点をあてる

さらに自己の努力目標に向かって、いま実践することについて、親↔娘（本人）のロールレタリングをしてみてはいかがでしょうか。

目の前に迫ってきた卒業論文の作成、就職の開拓、大学四年間の想い出を集約し、社会に旅立つ力強い夢と希望に挑戦することなど訴えてみたらどうでしょうか。

事例②　死ぬのが怖く、無気力に　十八歳女子、受験勉強中も頭が混乱

十八歳女子高生です。小学校の時、親から「人間は誰でもいつか死ぬ」と言われてから、死ぬのが急に怖くなりました。昼間は「そんなこと当たり前」と思うことができますが、夜になるととても怖くなり、耐えられなくなります。

「死ぬ」ということは「自分」がいなくなることです。自分が自分を忘れ、存在が消えてしまうのが恐ろしくなり、その場に落ち着いていられず、唇をかんだり、その辺を走ったりしてしまい

ます。
最近は、きれいな景色や感動する体験をしても、「死んだら何にもならない」と考えて無気力になってしまいます。夜受験勉強していると、このことで頭が混乱してしまいます。眠れぬ日も続いています。

（「人生案内」読売新聞、一九九六年二月九日付朝刊）

①ロールレタリング導入

本人は小学校のとき、親から「人間は誰でもいつか死ぬ」と言われたその言葉にひどく恐怖を抱き、現在まで悩み続け、心の傷をどうにかして癒したい気持ちが文面から感じられます。幼いときは、理性的、客観的な判断もないだけに、親の一言をうのみにしてしまい、無意識にそれにこだわり続けることを考えると、幼少時の親の言動や態度が子どもに与える心理的影響の恐ろしさをあらためて思い知らされます。

人生脚本という心理用語があります。これは、二～八歳ごろの子ども時代に、子どもが親のメッセージに対してなす、「これからの人生をこう生きよう」という決断を意味します。子どもの知識と経験が未熟で、現実吟味能力が乏しく、自分の唯一の人生モデルである親を信じて成長しているだけに、親の「人間は誰でもいつか死ぬ」という一言が心に深くインプットされたのでしょう。しかし、親の言葉をよく考えてみると「人間は誰でもいつか死ぬ」ということは、高校生にもなれば、わかり切ったことです。昼間は「そんなことは当たり前」と否定しようとしますが、夜になると否定と肯定が葛藤して耐え切れず混乱しているのでしょう。そこで、生と死との戦いをやめて、人間の死を肯定してみることが大切ではないでしょうか。「人は佗事を習う前に死事を習うべし」（日蓮聖人）と言われ、死とはなんぞや、ということを真剣に考えてこそ、そこから人生の生き方に心を向けることができるのです。「佗事を習う前に死事を学ぶ」ために、ロールレタリングによって自己対決してみてはいかがでしょうか。

②自分自身の感情に焦点をあてる

その具体的方法として、課題ロールレタリング「私から親へ『遺書』を書いてみる」のも一つの方法と言えましょう。もし死について考えてみたいならば、この遺書によって、いまの心境をあるがまま親に訴えるのです。（ここで、治療者として留意することは、遺書という死の問題について直面させる場合、治療者と患者の間で死について話し合った後、自分に対して「絶対に自殺しない」という契約を結ぶようすすめてください。これを前提として、相手の意思を尊重し、導入の可否を考えてください。）あなたが遺書によって死の恐怖を超越し、死とはなんぞや、ということの理解に取り組む意志があれば、便箋にこの自分の遺書をしたため封筒に入れて、自分の机の中に入れてください。

この遺書を書いた翌日、次の課題ロールレタリングに取り組んでください。

③親の感情に焦点をあてる

「親からわが子へ『遺書をみて』」

わが子の遺書を見て、親としてどのようなショックを受けるのか、計り知れないほど絶望するか、など想像してみてください。

たとえば、遺書の中に、小学校のとき、親から「人間は誰でもいつか死ぬ」と言われて、それが恐ろしく、耐え切れなくなり、遺書を残して死ぬことになったという文面がもしあれば、それをよんだ親はどんなに驚愕するでしょうか。親の気持ちをいろいろと想起して親の立場に身をおいて書いてください。親の言った「人間は誰でもいつか死ぬ」といった意味は、これまでロールレタリングを書いてきた「親への遺書」と「親からわが子の遺書を見て」という、きびしい精神作業をしてこそ真に理解できるのではないでしょうか。人間は誰でも、いつか死ぬのです。しかし、あなたは、文面に「死んだら何にもならない」と書いています。悔いのない人生を生きるため、これから努力しなければならないという親の深遠な心情に気づいたとき、あなたは、死の恐怖から解放されるでしょう。これまでの課題ロールレタリングによって新生な気持ちになったあなたが、これからの人生をどう生きるか、というのが次の課題です。

④考え方に焦点をあてる

人間は希望を抱き、目標に向かって進むとき、最高に心のエネルギーが湧き出るものです。あなたは、きれいな景色に感動するという優れた感性の持ち主です。

あなたのすぐれた感性と死への恐怖から抜け出したいという意志、そして新聞に堂々と悩みを訴える勇気を高く評価しています。

「患」という字を見てみましょう。この字を上下にわけてみると、「串」が「心」に刺さっていることを表現しています。この串が刺さっているから患（うれい・わずらい）が生じているのです。この串は自分自身しか抜き取ることはできません。ロールレタリングによって自分に刺さった串を抜き取る力をもっているあなたに、心より期待したいのです。そこで、課題ロールレタリング「十年後の私」を書いてください。

死の恐怖から解放された瞬間から、どんなに素晴らしい人生が開かれるかを想起し、プラス思考によって取り組んでください。

⑤現実課題に焦点をあてる

死の恐怖が、このロールレタリングによって癒されたとすれば、今度は現実課題に挑戦することが大切です。これから生きていく上に、いろいろな現実に直面しなければなりません。この現実を日々乗り越えていく過程で、あなたは自己実現への道を歩くことになるのです。

あなたは、長年、死の恐怖に悩まされてきましたが、これからは目前に迫る受験や、いろいろな課題に心のエネルギーを向けるべきです。目の前の具体的目標への挑戦が心を育てるのです。挑戦こそ生きる希望が湧くのです。

そこで課題ロールレタリング「具体的な目標はこれだ。これを日々実行してこそ、私の人生は開かれる」に向かって取り組んでください。これまで、あなたのことで心配されている親を対象として、親と自分の双方から訴えることです。今の自分に、これなら実行できるという具体的な目標を書くことからはじめてください。

書くということは、それ自体が実行であり、書いたことを実践することが心を育てるのです。人間は生きる上において、心の悩みを癒すことも大切です。しかし、人間の主体にとって、あくまでも理想に燃え希望を抱き、現実にどう直面し、現実をどう変えていくかという実践こそ、もっとも大切ではないでしょうか。

⑥留意点

この「死ぬのが怖く無気力に」という女子高生は、「人間は誰でもいつか死ぬ」という実際に恐れる必要のない不合理なものを恐れています。

この恐怖症について精神分析では「これは、無意識な不安が外界に投影され置きかえられたものであり、その恐れられている対象や状況のかげに抑圧された欲求がかくされている。つまり、真に恐れられているものは、その対象や状況により象徴的に表現されている自分の無意識的な欲求（イド不安）である」（前田重治先生）と指摘されています。したがって、このロールレタリング導入に対しては、母親が自らこの女子高生へしっかりした愛情と心の支えを基盤としてロールレタリングを実施することが大切であると考えます。

ロールレタリングは認知行動療法の機能を有しています。認知療法とは、うつ病を感情の病気ではなく、物事の受け止め方（認識）や考え方によって起こるものととらえ、それを修正していくことで治そうとする治療法です。

〔引用・参考文献〕

町沢静夫『日本人に合った精神療法とは』日本放送出版協会、二〇〇五年
F・S・パールズ著、倉戸ヨシヤ監訳『ゲシュタルト療法――その理論と実践』ナカニシヤ出版、一九九〇年
岩本隆茂・大野裕・坂野雄二共編『認知行動療法の理論と実際』培風館、一九九七年
J・W・ぺネベーカー著、余語真夫監訳『オープニングアップ――秘密の告白と心身の健康』北大路書房、二〇〇〇年
岡本泰弘『実践〝ロールレタリング〟――いじめや不登校から生徒を救え!!』北大路書房、二〇〇七年
岡本泰弘著、杉田峰康・春口徳雄監修『子どものためのエゴグラム・ロールレタリング実践法――自分の心がわかれば、相手の心も見えてくる』少年写真新聞社、二〇〇九年
杉田峰康監修、春口徳雄著『ロール・レタリング入門』創元社、二〇〇一年
杉田峰康監修、春口徳雄編著『ロール・レタリングの理論と実際――役割交換書簡法』チーム医療、一九九五年
前田重治『図説精神分析を学ぶ』誠信書房、二〇〇八年

4章　気づきの心理構造

一　気づきとは

気づきという言葉はいろいろな意味にとられているようである。気づきは悟りと解されているかと思えば、改めて知覚する、という意味に使うこともある。仕事がうまくいかないのは、人間関係のまずさからくると気づいた、というのがその例である。

内観療法は、自己への気づき、過去への気づき、現在への気づきを通して汝自身を知るという心理技法ではないだろうか。また、矯正教育は気づきによって人間の成長を促すことではないか、とも考える。

国谷誠朗先生によると、「他者に対する気づきの機能不全は孤独感、対人恐怖、甘え、いじめ、不要な反抗など、対人関係の障害を生じさせる。なお、自己への気づきの機能不全は、自己不全感、自己のなさ、絶望を生み出し、ときには自傷、自殺行為さえも生じさせる」という。気づきを心理構造からみることは教育や治療上からも重要な意味をもつといえよう。

二　非行と気づき

A少年は非行に陥った動機について、「私の母はアル中でした。学校から帰宅すると、よく台所で家事を放棄し寝込んでいました。私はその母にアル中の糞ババと暴言をはき、ときには暴力を振るったこともありました。父と母は酒のことや他のことでよく喧嘩していました。それで家が面白くなく外に出て遊びまわり、万引きやシンナーなど吸引し、非行に走りました。私の非行の原因は母親のアル中にあると思います」と述べた。

この少年に対して自己の問題性への気づきを促すために、ロールレタリングを実施した。

その一カ月後、少年のロールレタリングをみると、

「私の非行は母のアル中と両親の不仲が原因であると思い、うらみ、怒りを訴え続けてきた。しかし、そのあと冷静になって考えてみると、私が非行に走る前は、母は酒は飲んでいなかった。あのおとなしい母が、なぜあんなに酒を浴びるほど飲んで台所に寝込むほどになったのであろうかと思えてきた。また両親は喧嘩などしていなかった。なぜ夫婦が不仲になり、母が酒に溺れるほどになったのかを、私と母親、そして私と父親との双方の立場から考えつづけた。いま気づいたことは、夫婦喧嘩は、私が怠学をはじめたころからはじまり、父が母に『お前のしつけが悪いからだ、おまえは家にいるのに

なぜしっかり育てないのだ』と叱責していたことを聞いたことがある。そのことで父が暴力をふるっていたことを想い出した。おとなしい母が父に反抗することもなく、暴力をふるわれ泣いていた。その悲しみと苦悩を癒すために、酒に手を出したのではないかと気がついた。よく考えてみると、私の非行は母の飲酒だとこれまで思い込んでいたが、実はそうではなく、私の非行が両親を不仲にさせ、母は父や周囲からの叱責、非難にたえかね、遂に酒に手を出したということを考えると、母をアル中にさせたのは私の非行が原因であると今、気づいた」と書いていた。人が無意識のうちに行っている行動が理解できるようになると、その人が直面している問題はおのずから解決するといえよう。

ゲシュタルト療法において「気づき」は治療そのものであるという。ロールレタリングはゲシュタルト療法の統合の考え方を理論的基盤とし、また方法としてはチェア・テクニック（空椅子の技法）を活用している。

ゲシュタルト療法は個人のうちにある両極性の対決を図る体験療法の一つである。精神内界の矛盾やジレンマに焦点を合わせ、気づきを促すとき、自然治癒力としての心のホメオスタシス（恒常性）が作用しジレンマが解消される、という考えに基づいている。これは「相対する二つの力は、ありのままの姿で戦う機会を与えられると相手の存在を知るようになる。あるいは互いに相手方を許し妥協を求める」という想定である。

精神分析的にみると、これはアンビバレンス（ある症状に対し、相反する感情が同時に生じる）あるいは秘密の処理に対応するものと言えよう。人は自らを変えるためには、自分自身にも秘められてい

表1　気づきの3つの領域

内的領域	中間の領域	外的領域
皮膚の内部で起こっていること 〔現在の出来事〕 ・感情 悲しい、 腹が立つ、 いらいらする ・感覚 お腹がすいた、 痛い、かゆい、 胸がドキドキする	頭の中で考えていること 〔過去または未来の出来事〕 ・思考 ・空想 ・判断 ・評価 ・解釈 ・説明 ・分析 ・推測 ・計画	皮膚の外部で起こっていること 〔現在の出来事〕 ・五感が経験するすべて 見るもの、 聞くもの、 臭うもの、 舌が味わうもの、 皮膚が感じるもの

（白井幸子『看護にいかすカウンセリング』医学書院、1987年、159頁より）

た事柄をジレンマとして、すなわち内心の葛藤として捕えることができるようになる必要がある。

こうしたゲシュタルト療法の論理を応用して、自分自らが自己と他者という二つの立場で役割交換を行いながら相手に手紙で訴え、往復書簡を重ねることによって、内心の矛盾やジレンマに気づき、自己の問題解決を促進することができるのである。

三　気づきの領域

気づきには外的、内的、中間の三つの領域があるとされる（表1参照）。

「いまここでの瞬間、すなわち、現在という時点に関する場合は気づきが外的領域と内的領域とに向けられているときであり、中間の領域に留まるとき、過去と未来の出来事への気づきは内的↓

外的→中間の領域へ向けられているといえよう」（白井幸子）

Ａ少年は、両親の不和や母親の飲酒のため家がおもしろくなく、シンナーで気分をまぎらわしていたという。その結果、施設に入れられる破目になったことに対する憎悪、怒り、悲しみの感情を役割書簡に訴え続けてきた。つまり、ロールレタリングの初期では気づきは内的領域に向けられている。さらに役割書簡を重ねる過程でカタルシスが起こり、感情が明確化されるとともに、物事を客観的に見つめ、ありのままにとらえることができるようになっている。

このようなロールレタリングの中期における心的エネルギーの給付の変化では、気づきが外的領域へ向けられているといえる。この気づきによって、「私の非行の動機は、母の飲酒と両親の不仲であると思っていたが、それは間違いであった。私の怠学、非行が原因で飲酒し、両親は不仲になったことにいま気づいた。これまで、これに気づかず、両親を憎み、怒り、母に暴力を振るい、両親をさんざん苦しめてきたことを深く悔いている」と訴え、後期には気づきが中間の領域に働き、きびしい自己反省をせまっている。

役割交換書簡法では、自己と他者との対決の過程でカタルシス作用や感情の明確化が図られる。また自己カウンセリングが促進され、表2に示すように内的領域の肯定的側面が前面に出てきて、自分の感情として気づくのである。

最近、気づきによる治療機制が注目されている。

・思考は気分に影響する

表2　“気づき”の３つの領域がプラスに働く時とマイナスに働く時

内的領域		中間の領域		外的領域	
肯定的側面	否定的側面	肯定的側面	否定的側面	肯定的側面	否定的側面
•自分の気持ち •感情によく気づいている •身体からのメッセージを敏感に感じとる	•感情に圧倒されて冷静さを失う（客観性を失う） •身体的症状が気になり、心気症的訴えをする	•データの分析、評価ができる •未来の出来事を予測、予知できる •内省、洞察ができる	•頭の中の空想にとらわれ、真実を見失い、現実との接触が絶たれる。その結果、神経症的な症状が出現する	•物事を客観的に見つめ、ありのままにとらえることができる	•気づきが伴わない時には、五感が経験したものは記憶にとどまらない

（白井幸子『看護にいかすカウンセリング』医学書院、1987年、163頁より）

・思考は何をするか、しないか、どの程度のことをするか、という行動に影響する
・思考や信念は身体反応にも影響する
・子ども時代の環境は、心の態度や信念や思考に影響する

これらは、大人になっても消えていないことが多い
・認知療法は、できるかぎり多くの面を見ようとする
単なるポジティブ・シンキングとは違う
・認知療法の核となるのは、思考の変化だが、行動や身体や環境の変化も必要とする問題が多い

（野田雄三「気づきの構造」より）

四　登校拒否児と気づき

筆者に対し、ある両親から、高校生の息子が登校拒否を起こし、家庭内で暴力をふるうので相談にのってほしい、という訴えがあった。

話によると、登校拒否後、早速、ある大学で一年八カ月間、カウンセリングをうけた。しかし、不登校と暴力はやまず、カウンセリングを断念しているというのである。その数日後、両親が相談に見えた。

母親は「昨夜、主人と息子が登校拒否のことで口論し、あわや傷害事件になりかねないほど険悪になり、身がすくむほどでした」と暗い表情で話された。

父親は「昨夜一睡もできませんでした。息子は私を、聞くに耐えないようなヤクザ口調でののしり、家内には物を投げたのです。私は我慢ができず殺意さえ湧き、包丁を取りにゆこうとしましたが、家族が必死でとめたので、大事にいたりませんでした」と心情を訴えられた。そして長い沈黙が続いた。その後、父親は「息子は中学のとき空手道場に通ったことがありました。彼は、その道場の館長を尊敬していると言ったことを思い出しました。その言葉を聞いたとき、父親は尊敬されず、他人の館長を尊敬するといったことに、いたく反省させられました。先日その館長が知人を通じて、息子の面倒をみたいという申し出がありました。道場に宿泊させ、館長と共に生活し、落ち着いたら道場から高校に通学させてもよい、という話でした。しかし、両親が健在で、しかも私の立場（会社幹部）からして、他人さまにわが子の面倒をみてもらうということは、親として失格です。

また、息子は短気のうえ、ヤクザのような言動からみても、空手を習えばそれを武器に暴力団に傾斜するのではないかと心配です。息子を道場にあずける気持ちにはなれません。息子は高校を中退し、東京の友人を頼ってバーテンをしたいなど、安易なことを言っていますが、将来のことを考えて、高校だけはぜひ卒業させたいのです。またその友人たるや十八歳で素行もよくない人物で、危なくて上京させるわけにいかず、悩んでいます」と胸のうちを話された。

筆者は、長期化している登校拒否と暴力などからみて、いま直面している難題に対し、ここで適切な方法を選択しなければならないとすれば、稲村博先生のいう宿泊療法が望ましいのではないかと考えた。（宿泊療法とはある期間、親元から離れ、似た症状の仲間十人程度を対象として、専門スタッフの指導の下に、ある施設へ泊まり込ませる。そこで心理療法、生活指導のほか、軽い作業やスポーツ、芸術文化活動、園芸、学習活動などを組み合わせて治療する。期間は平均三カ月で、八六パーセントの若者が社会復帰に成功しており、治療効果はきわめて高いといえる。この間に、しばしば症状の原因になる親や家族への治療的なはたらきかけも不可欠になる。）

この宿泊療法は、気づきの構造という点からも効果が期待できると注目しているからである。この空手道場が、必ずしも宿泊療法と同じ治療的機能を果たしているとは思えないが、館長はこれまで問題少年の処遇に関して多くの経験を積んでおられ、また、少年からも尊敬されている。そこで、筆者は、館長がクライエントと生活を共にし宿泊療法的機能を果たしていただけるものと期待した。

さらに、子どもが落ち着いたら道場から高校に通学させると館長が自ら申し出たのは、治療的処遇に一応の自信があったのだろうと推察した。

筆者はこの少年が自己の問題性に気づくために、宿泊療法のプロセスとして次の方針を立てた。

1　これまで慣れ親しんできた自己中心的、怠惰な家庭生活から切り離し、道場に宿泊させることによって、従来の行動パターンをストップさせることが必要である。

2　少年が尊敬する館長のもとで、空手の練習を行うかたわら、炊事、洗濯、掃除など身の廻り一切を行うとき、館長との日常的なふれあいのなかで、自己をきびしく客観視する機会をうる。

3　生きることのきびしさを体得する間に、これまで親への依存性と自己中心性が自立心の発達を阻害してきたこと、またその結果が登校拒否・家庭内暴力となっていることに気づく。

4　自己の問題性に気づき、または自分の責任性を認識するという構えをもったとき、次にとるべき行動を選択し、成長への一歩をふみ出す。

これについて野田雄三先生は「自己の心身の気づきを深め、成長していくためには、まず日常の慣れ親しんだ行動パターンをストップ（Stop）し、自己の心身の状況を客観的にみつめる（Look）ことを徹底的に行う。そうすることによって、日常の無意識的な行動の背景にある意味（または報酬）に気づく（Awareness）。自己に気づいている人は、自分が次にとる行動を選択（Choice）することができ、自分の選択した行動には責任をもつことができるようになり、成長（Growth）へと道案内されることになる」という。

筆者は父親に「息子さんを、尊敬する館長さんにあずけて、他人の飯を食べさせてみることも一つの方法ではないでしょうか。いまのように、親と子が同じ屋根の下で不安な生活を繰り返していても、ご子息が自己の問題性に気づくことは容易ではないように思われます。他人さまにわが子の面倒をみてもらうということは、父親としてはまことに不本意で辛いかもしれません。しかし、考え方によっては、ご子息に家族のありがたさをきびしく認識させるよい機会とも思われます」と述べ、宿泊療法の効果について説明した。さらに筆者としても、その館長の指導性、道場のあり方などについて情報を集めてみることにした。その結果、若い館長は研究熱心で人望があり、宿泊療法的な機能を充分に期待しうることが認められたので、この旨を父親に連絡した。

一週間後、父親から息子を道場にあずけたという返事があった。その早い決断の背景には、いまの事態を一刻も早く解決したいという焦りが感じられた。

筆者は、両親に、館長が責任をもって引き受けると言われた以上は、すべてをまかせ、干渉しないこと。道場に親や家族は出入りしないこと。手紙、電話など一切しないこと。もし、緊急で重要なことがあった場合のみ、館長に連絡すること。息子さんが途中、辛抱しきれずに舞い戻ってきた場合には、安易に妥協して家に入れず、すぐ館長に連絡して対応すること、などを話しあった。

筆者は両親から、館長の親身な指導で息子は道場で頑張っているという連絡をうけた。その後、少年は道場での八カ月に及ぶ宿泊生活を通して自己の問題性に気づき、両親に過去の行状を詫びて、暴力を振るうこともなく、高校に通学しているということである。

このケースを通して、自己への「気づき」について考えてみたい。

五　気づきのレベル

まず、気づきの構造について紹介しておきたい。
野田雄三先生はこう書いている。

あるがままの状態、すなわち深い気づきを得て、心身の理想的な安定状態（ホメオスタシス）が保たれているような深い安定した意識のレベルを、ここでは「レンマ」と呼ぶ。これは、仏教でいう悟りの境地であり、また禅における「不立文字」の意識領域でもある。このレベルにまで達すると、自分自身が他者に対して気づきは一層高まり、コミュニケーションも本来の生き生きしたものになっていく。しかし、そこに至るまでには次に示すような、さまざまの段階を通過しなければならない。

第一段階は、最も未分化な混沌状態のカオスである。ここでは自己に対してはまだ無関心で、気づきもまだ起こっていない。

第二段階は、思考、論理の世界のロゴスである。ここでは自己に関心を示すものの知的理解にとどまり、感情領域への気づきはまだ起こっていない。したがって、ここでの気づきはまだ起こっていない。ここでの気づきは表面的で一般的なものにとどまる。

第三段階は、感情のパトスである。

ここは、いわゆる「からだで知る」というレベルであり、感情への気づきが身体感覚として自覚される。深い気づきが生じる前には、人はしばしば苦痛と誘惑に満ちた危険なプロセスを経なければならない。これが第四段階のディレンマと呼ばれるものである。

ディ（de）は否定の接頭語で、レンマ（悟り）と反対の世界のことである。禅ではこれを「魔境」と呼んで、深いレベルの気づきを妨げるものとしている。

この十七歳の少年が宿泊療法によって、登校拒否、暴力を克服したことを気づきのレベルからあらためて考えてみたい。

この少年は、自己の生き方をみいだすことができないために、登校拒否、家庭内暴力という混乱状態にあったといえよう。これはまさしく自己への気づきの機能不全の状態と未分化な混沌状態のカオスである。このとき道場に宿泊し、生まれてはじめての他人との共同生活を通して、食事、洗濯、掃除、買い出しなどを経験した。他人に対する気くばりと奉仕、与えられた役割をめぐる苦労や達成などを通じて自己をきびしくみつめる機会を得た。

すなわち、自分は自分なりの人生をもっているという安定感とアイデンティティ感覚をつかんだことが効を奏したのではあるまいか。

人間は、他者のために何かをしているとき、はじめて自分は人生を生きているという安定感と自己確定の可能性を味わうことができる。

宿泊生活の初期は自分の仕事もその要領も皆目わからず、不安な気持ちで試行錯誤する。「俺はなんで、こんなところまで来て、つらい思いをしなければならないのか」という疑問さえも湧かず、混沌状態のカオスが続いたものと思われる。

館長は、この時期には相手の心情や思考、行動特性を把握し、これからこの道場で、何を心のよりどころとして生活していこうとしているのかを探る、ていねいな指示と方向づけを与えたのである。

中期は、館長の指示や与えられた役割を自分なりに苦悩しつつ実行し、必要に応じて適切な指導を求め、失敗と成功を重ねていく過程といえる。

気づきのレベルからみるとこの段階は、思考、論理の世界のロゴスである。自己をみつめ、あるいは自己に関心を示すものの、知的理解が中心で、感情領域への気づきはまだ起きていない。

後期にはいると生活行動の要領も体得し、心理的に落ち着く。母親がこれまで献身的にしてくれた行動を、今度は自分が身をもって他人に尽くすことで、他者への気づきが促される。これまで思いもしなかった親との関係が意識にのぼってくる。母親に暴力をふるって悲しませた過去のこと、父親への暴言や反抗など、迷惑をかけた行状の数々が想起され、悔悟の情が胸にせまる。ひとたび親への肯定的なイメージが想起されると、次々に過去や他者のイメージが表出される。そして、親に対する否定的なイメージから肯定的なイメージに変わる。

人は自分に気づくための作業を始めると、必ず、自分の中の父、母、夫、妻、さらに子ども時代の自分などといった多くの人物と遭遇するものである。そして、それらの人々が時には自分に抗し、時には自分を支えてくれることを発見する。今日、精神分析の対象関係理論がこの点を明らかにしている。

しかし、深い気づきが生じる前にはジレンマにおちいることがある。この少年も宿泊生活四カ月を過ぎたころ、自宅に一度逃げ帰ったという。もうこのような宿泊生活に耐えられないという重圧感、あるいは孤独感や自由への欲求などの誘惑が湧いてきたためであろうか。

禅ではこれは「魔境」と表現されているが、まさしくこの少年にとっては、気づきの前の魔境であったのかもしれない。しかし、親の一貫した姿勢と館長の説得で道場に戻り、八カ月間の宿泊生活の過程で自己の問題に気づいたのであろう。少年は、道場での生活を無事終え、自宅に帰った。母親に会った瞬間、「お母さん、ごめんね」と涙を流したという。今日、暴力を振るうこともなく高校に通っている。

筆者はこれを真の気づき（レンマ）のあらわれとみている。

六　指導者の役割

気づきを促すための指導者の役割が注目される。少年と生活をともにし、手にとるように教える。登校拒否や家庭内暴力の少年のなかには、過保護、自己中心的な育ち方をしている者も多く、はじめから自立性を認めて、ひとりでさせるというアプローチが無理な場合がある。

また、これらの少年の傾向として、他人の目を気にして、認められないと不安になる。したがって本人を評価して、励ましを与えればやる気を起こし、反対にこれを無視すると意欲を喪失することがあるので、ていねいな指導が必要である。

「して見せて、言って聞かせて、させてみせ、賞めてやらねば人は動かじ」という教訓が思い出される。しかし、無責任な行動は容赦すべきではない。気づきを促す教育の場においても、この優しさと厳しさの調和が大切であることはいうまでもない。

坂本昇一先生は「感情的領域は一緒に行動するとか、共に努力するとか、文学的表現では後姿に触発されるとか、目覚めるとか、気づくなどの要素が強くなる。だからこれは暖かさという形で出てくる。教育というのは、こういう文脈で厳しさと暖かさがセットになっているわけである」と述べられている。

気づきには、認識的領域（よくわからせる）、神経筋肉的領域（やり方を身につけさせる）、感情的領域（やる気を育てる）の三つをセットする必要があろう。

宿泊療法は、気づきと自己成長という点からも、この三つをセットにして処遇（治療）するのにきわめて適切な方法と考えられる。

なお、本人の成長は気づきの連続によってもたらされるとすれば、指導者（治療者）の役割は、常に気づきを促すことでもある。

これについて稲村博先生の宿泊療法における指導のポイントを要約し紹介しておきたい。

第一に、相手をよく理解し尊重する。どんな考えや感じ方を持ち、何をよりどころに、どんな目標で生きているのか。また何を喜び、嫌がるのか、心理的な成熟度や適応力はとうかを知る必要がある。

第二は、相手の長所をまず評価し、認め学ぶ。今の若者は昔の若者以上に他人の評価に敏感で、しかも絶えず認められていないと安心できないように見える。認められ、報いられ、しかるべき課題や使命を与えられれば成果を上げる。それが逆だと、めいってやる気をなくしてしまう。

第三は、きちんと指導し方向づける。まだ若いし職業人、社会人としても未熟なのだから必要なことを伝える。おもねたり遠慮したりするのでは信頼は生まれない。

第四は、指導をていねいに具体的にする。はしょったり一人でさせたりせず、初期は誠意をもってかゆいところに手の届くように懇切に行う。自立を急がせ過ぎると「何も教えてくれない」となる。

第五は、相手の自立心を重んじながら、心の目をそらさないことである。つかず離れず目立たない心配りを続けながら共に成長していく。

と述べている。

館長と語りあったとき、彼が、ここに紹介した宿泊療法の指導のポイントと同じような発言をしたことが、強烈な印象として残っている。

この「気づきの心理構造」によって、ロールレタリングによる認知行動療法が、改めて認識されることを願っている。

さらに、「考えを変える」ことだけが改善の道ではない。自分の考えを確認し、それを変えていく、というのは認知療法の核をなす部分ではあるが、ほかの身体、行動、環境面での変化も、同じくらい重要になる場合もあることを強調しておきたい。

（一九八九年）

〔引用・参考文献〕
国谷誠朗「気づきの構造を考える」日本交流分析学会第一一回大会抄録集、一九八六年、三八頁、シンポジウム「気づき」
白井幸子『看護にいかすカウンセリング――臨床に役立つさまざまなアプローチ』医学書院、一九八七年、一五九‐一六三頁
稲村博「無気力をどうたちなおらせる」朝日新聞、一九六二年四月三〇日付夕刊
野田雄三「気づきの構造」日本交流分析学会第一一回大会抄録集、一九八六年、三五頁
坂本昇一「人格の発達課程と問題行動」『日本矯正教育研究』第三〇巻、一九八五年、七頁
杉田峰康『こじれる人間関係――ドラマ的交流の分析』創元社、一九八三年
春口徳雄著、杉田峰康監修『役割交換書簡法――人間関係のこじれを洞察する』創元社、一九八七年
春口徳雄「気づきの心理構造」『刑政』第一〇〇巻一二号、矯正協会、一九八九年、二四頁

5章　ロールレタリングでなぜ自己の問題性に気づくのか
――脳科学からのアプローチ

はじめに

将来、ロボットが老人介護で活躍したらガードマンの役割を果たすことが予想され、スキーをしたり、フルートを吹くロボットが驚くべき早さで開発されている。これは脳科学の研究が進み、人間の行動科学が解明されつつある成果と言えようか。

「脳科学によるロールレタリングの効果検証」を外国で発表する計画もあり、将来この実証が注目されるであろう。脳科学の研究は高額な設備と高度な技術を要するので、大学脳科学研究所との間で共同研究の形で行っている。

ロールレタリングは、自らが自己と他者の役割を交換し、書簡によって相互に対話する過程で自己の問題性に気づく心理技法といえよう。

一　なぜ、脳科学を重視するのか

上智大学の福島章教授の講演録「近年の少年犯罪にみる心理」の内容の一部を紹介する。

MRI（磁気共鳴診断装置）で見ると、（犯罪を犯した）少年の後頭部に欠陥を発見、他の動機が不明な凶悪事件でも同様に犯人の脳には障害があった。母親が妊娠中に与えた黄体ホルモンの影響で、生まれた子供が攻撃的になるケースもある。最近では、環境ホルモンの影響を見逃せなくなった。ダイオキシン汚染が進んでいるアメリカの五大湖付近の子供は精神や知能の発達が遅れているほか、ADHDも増加しているというデータがある。同じようなことが日本でも起きているのではないか。首都圏の公立中学校で定点観測を行ってみた。子供たちは全体としては攻撃性は低下して、むしろ優しくおとなしくなった。一方で社会性も乏しく、自己愛的、内閉的で腹を割って人と話すことが少なくなっている。さらに、精神内界が貧しく空虚な子供が数％の割合で現れており、これは少年非行の予備軍といえる。殺人は脳に問題がある。

筆者はアルコール依存症の臨床に加えて老人治療病棟での認知症予防の一環として、回想法を行っている。川島隆太教授（東北大学）は「脳高次機能障害について前頭前野機能の活性化のための学習

療法」の研究に注目し、「学習療法については簡単な計算問題を解明しているときの脳の働きを光トポグラフィによって画像化すれば、脳神経細胞の活動量を知ることができる」という。この脳科学による実証に筆者は触発されたのである。

なお、光トポグラフィでは、脳血液量は神経細胞の活動量によって増減するので、酸素がくっついたヘモグロビンの量と空っぽのヘモグロビンの量をＭＲＩ（磁力と電波を使って脳の断層写真をとる装置）で検証する。

二　脳科学による右脳と左脳の機能

まず『脳と心の地形図』（リタ・カーター著、藤井留美訳、養老孟司監修）の第2章「右脳と左脳」、第3章「大脳辺縁系」から引用しながら、右脳、左脳の機能を紹介したい（以下、第二節の引用は同書より）。

同書によると、認知、知性、感性などの高次機能は脳の大脳皮質が司る。大脳皮質は基本的に右脳と左脳の両方にあり左右一体で機能している。右脳はイメージを記憶する力がある。イメージは潜在意識が作り出すのである。右脳には万物の波動に共鳴する共振機能があり、それをイメージ化して映像として見る力が人間の頭にある。

1　右脳の機能

読者も若いときに恋人とデートしたことをイメージし、当時のことをたぐりながら回想すると感情が高揚し興奮するといった体験をしたことがあるだろう。これは右脳によるイメージによって松果体から出るホルモンのためといわれている。

ロールレタリングに際しては、視点を変更して相手の立場に身を置き、イメージによっていろいろな思考、感情、行動をたぐりよせるように想起し回想しなければ手紙を書きにくい。したがってロールレタリングは右脳のイメージ脳を刺激するのに効果的と考えられる。

次に、「気づきをはかる第六感の獲得」に関して、『脳と心の地形図』によると、人間の右脳には、動物的な感が潜在化している。一般に右脳は小さな自我の形成にとどまるが、それを開発すると真我が開かれ、この真我は無限の能力を発揮する。右脳の世界は、相手中心的で相手を思う心を探しはじめる。左脳の世界は自己中心的であるが、子どもは右脳が優位にはたらく。右脳は心と深く関わる脳である。右脳は論理的、理性的な働きよりも動物的で無意識的な強力な感が長く維持される。動物は本来もっている潜在能力をフルに活用しきびしい世界に生きているという。

2　左脳の機能

「ホモ・サピエンスが種としてこれほど繁栄しているのは、左脳によるところが大きい。計算したり、意志を伝えたり、さらには複雑な計画を組みたてて実行するのは、左脳あればこそだ」という。

「心理的治療法として成功している認知療法には、左脳の活動が関係している。感情について語り、考えることで、感情にのみこまれるのではなく、コントロールできるようになる。もし感情が湧きあがるにまかせて、それにどっぷり浸ってしまったら、最初の感情がいっそうひどくなるだけだろう。トラウマを受けた人をカウンセリングした結果、状態がかえって悪くなることがある——当初の経験を再現するだけのセラピーならなおさらだ」。それは強いトラウマを受けた人に対しては非指示的カウンセリングのみでは十分ではなく、カウンセリングのやり方に一考を要することを示唆している。脳科学による訴えだけに説得力がある。

「人間の脳で言語を処理する領域を左右脳で比べると、明らかに左の方が大きい。

一般の動物の脳では、このような非対象性は見られないが、一部の霊長類には左脳だけが発達する萌芽らしきものがある。人間はどんな話しかたをするかで判断され、学問の世界では、ほとんどすべて言語で指導が行われ、言語作業をすると言語野がいっせいに活動する」とも言われている。

ロールレタリングは過去、現在の思考、感情、行動をイメージ脳によって想起し、回想する。これを受けて左脳の言語脳がそれぞれを明確化し、言語化、文章化の作業がいっせいに行われるので、集約的で分析的な思考活動が期待されるのではないかと筆者は考える。そこで認知症に至っていない八十五歳の老人に依頼して、彼の妻の命日に亡き妻への手紙と写経を書いてもらった。亡き妻を想起し追悼されることを期待したからである。彼は妻の苦労を偲び、妻の冥福を祈りながら写経することで心がやすらいだという。現在、この方は自分史を綴っておられるが、左脳の言語野の活動も期

表1　右脳と左脳の違い

左脳	右脳
言語脳	イメージ脳
論理的 （ストレス）	直感的 （リラックス）
理性	感性
顕在意識 （意識）	潜在意識 （無意識）
直列処理	並列処理

待される。

「人間は成長するにつれ、右脳より左脳を酷使する傾向がある。これは文明社会になれば左脳の機能を要求されるからである」と言われる。会社帰りの男性サラリーマンが屋台や赤ちょうちんで飲んでいる姿を多くみかける。これは左脳が言語脳で論理的、知性的に仕事に過剰に取り組むため、ストレスがうっ積し、それを軽減するためであろう。他方、右脳には強力なパワーが秘められていると言われる。ロールレタリングは自己対話によって右脳と左脳を交互に刺激する過程で、気づきをもたらす効果を促す自己学習による精神療法と考えられる。気づきは、精神療法において治療そのものと言っても過言ではない。

表1は右脳と左脳の機能の相違をコンパクトに示すものである（ワタナベ式記憶術通信講座から引用）。

3　潜在意識と顕在意識

フロイドやユングは「人間の心には意識の下に無意識がある。意識は普段に、無意識は自由な活動の中で、知らないうちに象徴として表れ、自己治癒力を促したり、将来を予見するような力をもっている」という。

潜在意識は強力で持続性が長く働くという。南極の氷山にたとえれば、海面上には白い氷山が浮かんで見えるが、海面下には、巨大な氷山が長年にわたり潜在している。これが潜在意識（無意識）であり、海面上の氷山が顕在意識（意識）と考えればわかりやすい。

4　並列処理と直列処理

右脳の並列処理は、働く女性を想像すると理解しやすいだろう。勤務中はハードで密度の高い職務を果たして、帰路には託児所の子どもを引き取り、スーパーで食事の準備のために買い物をする。帰宅後は子どもの面倒をみたり、洗濯をしながら夕食の準備や老人の世話にあけくれる。就寝するまで一刻の休みもない多目的、多機能ぶりを発揮している。これを右脳による並列処理と考えるとよい。

男性サラリーマンは昼間は職場で、綿密な考察、計画、実践に集中、左脳をフル回転させているが、退社して帰宅するや、風呂、めし、テレビ、寝る、と女房に訴える姿が想像される。一つのことを片付けたあと、次の仕事にかかる。これが左脳による直列処理と考えられる。

5　前頭葉のはたらき

右脳のイメージは前頭葉に回路を開き、映像として現れる。人間の脳は、前頭葉、側頭葉、後頭葉に分かれている。記憶や計算は側頭葉で、思考は後頭葉で、創造は前頭葉で行われている。創造を受けもっている前頭葉は後から発達し、側頭葉は早く発達するが、年をとるにしたがって早く老化する。そのため年をとると物忘れする。また、老化すると計算では加算よりも減算が苦手になり、ややこしいことを考えるのが億劫になる。これは大正生まれの筆者も実感している。前頭葉による創造性の働きは、老練な政治家の言動をみると理解できよう。

「創造性は、海馬記憶によって支えられている。海馬こそ記憶を司る中心部で、海馬記憶もイメージ性の海馬記憶、つまり右脳の海馬記憶を開くことが大切である。この記憶が前頭葉を通じて創造性の働きを促す。右脳には万能の波動に共鳴する共振機能があり、それをイメージ化して映像として見る力が人間の頭にはある」という。

老練な政治家が国会答弁でユーモアたっぷりに人を笑わせて、質問をはぐらかし煙にまく話術をテレビで見聞する。「ストレスがたまると左右脳の連絡が悪くなると言われている。右脳は全体を把握し、複雑な背景にきざしたイメージを見抜き、ひと目でパターンをとらえる。ユーモアを発揮することができるのは、左右の脳が相互に関わり合う典型的例といえる」。

イギリスではユーモアを解することができる人物は紳士であると言われる理由が脳科学からも理解されそうである。

このように、脳科学からみると、自律訓練法、内観法も暗示の導入がシンプルであることが理解される。筆者は内観療法によって一週間で洗心する人を見聞きしてきた。そこでは「親にしてもらったこと、してあげたこと、迷惑かけたこと」を一点に集中的にイメージするので、右脳を強く刺激し、心を動かす。その後すぐに告白、懺悔することで左脳の言語脳が刺激されるので、自己の問題性への洞察、気づきがはやい。

6　左脳、右脳の相違

「〔左脳、右脳の〕ちがいは、物理的な差から来ているとも言える。脳をまんなかで割ると、内部は灰色の物質（灰白質）と白色の物質（白質）でできていることがわかる。（中略）右脳は、白質のほうが多く、左脳は灰白質のほうが多い。このちがいが実は重要な意味を持っている。つまり白質が厚い右脳は、それだけニューロンの軸索が長く、遠くのニューロンどうしが接続できるのだ。（中略）（これに対し）左脳のほうは、（中略）ニューロンが密着して接続しているため、近辺にある脳細胞をすばやく動員できる。だから集約的で細かい作業が向いている」。右脳は芸術を鑑賞するときに働く。感覚的、情緒的で、左脳は、計算したり、意志を伝えたり、複雑な計画をたてたりする。「物質主義、支配欲、無感動――は、だいたいが左脳に由来している。これに対して右脳は、穏やかで情緒的で、自然と一体化しようとする性質があり、東洋を連想させる」

「左脳は分析的、論理的、緻密で、時間感覚が鋭い。右脳は夢見がちで、ものごとを細かく分けるより全体的に処理する。抽象的な認知よりも感覚的な知覚に関わることが多い」。これらの所見からも、右脳が統合を主軸とすることが理解される。

7　左脳、右脳の連携

左脳、右脳の連携を見てみよう。

両脳の中間にある「脳梁は軸索が八〇〇〇万本も集まった太い束で、左脳と右脳の脳細胞を結んでいる。この橋を通って、左右はたえず会話をかわしている」。「脳梁の下のほうに、前交連というもうひとつの経路があって、ここは大脳辺縁系と呼ばれる皮質下の深い部分と接続している。大脳辺縁系は大脳の裏世界で、ここではなまなましい感情が生みだされている。脅威に直面したときアラームを鳴らしたり、偽りの笑顔を見ぬいたり、魅力的な人に出会ったとき身体がうずいたりするのは、みんな大脳辺縁系のしわざだ。こうした反応はすべて無意識だが、大脳辺縁系そのものは、意識のある新皮質部分と何百万本というニューロンで双方向につながっている」

三　ロールレタリングはなぜ気づきがはやく生じるのか

ロールレタリングによる自己内の対話は、役割交換が可能な右脳と左脳のはたらきによって、右脳がイメージ脳を刺激し、自己中心よりも相手を思う心を求めはじめ、相手の立場になって想像する。この働きで、思考は客観的、知性的な方向に流れるのではないだろうか。筆者はこの役割交換の過程で自己の問題性が浮上しはじめ、気づきが促進されるものと考えている。しかしこれはロールレタリングという役割交換書簡のケースからの推察であり、あくまでも考察の領域を出ない。脳科学による実証を待ちたい。

〈ケース〉

筆者が、ある婦人にロールレタリングを導入した。彼女のロールレタリングに「私は子どものころ、両親が派手な喧嘩をしたとき、私がお利口でなかったので、お父さんとお母さんが喧嘩している。私はお父さんに引き取られる。妹はお母さんが引き取って家を出ていってしまうと思ったとき、不安になり悲しかったことを思い出し、いつまでもその当時のことが頭に浮かぶ。それで夫婦は、子どもの前では絶対、喧嘩はしてはならないと気づいた」という。この主婦のロールレタリングから、三〇年前の両親の喧嘩をありありと想起したことがわかる。また、イメージがいかに強く長く保持されるか、またロールレタリングによる自己の問題性への気づきがいかに早いかが理解されよう。右脳を開発すると真我が開発され、この真我は無限の能力を発すると言われている。筆者は中学校における「ロールレタリングによるいじめ防止」の研究から、いじめ防止に効果を奏したことを実感した。「右脳は心に深く関わる脳である」と言われるが、いじめの被害者の立場になってロールレタリングを行うと感情移入的理解がはやいと考えられるのは、右脳による動物的直感によるものであろうか。最近「右脳をきたえよ」という声が森田喜一郎先生（脳科学者）から聴かれる。

四　ロールレタリングの統合的機能

飯田良子臨床心理士（香蘭女子短大教授）が一九八九年、拙著『役割交換書簡法』（創元社）を持参して西九州大学にみえた。筆者に「保健所の依頼で初産婦のメンタルヘルスの講義をしてきたが、いろいろ工夫をこらしても反応が弱い。この本を読んで、何かよいアイデアがあれば教えてほしいと思って来ました」と切実に訴えられた。

筆者はまず、初産婦とお腹の胎児とのロールレタリングを提示した。つまり、私（母親）↔胎児の往復書簡を、次に母親（実母）↔娘（初産婦）を、さらに私（初産婦）↔主人（初産婦の夫）の往復書簡を試行するようにと提言した。

一カ月後に、ロールレタリングによるメンタルヘルスを試行した結果について、飯田教授は次のような話をされた。「初産婦は涙を流し、真剣にロールレタリングに取り組まれたことに感動した。アンケート調査では、生まれてくる子どもの親としての決意と胎児の気持ちが共感され、母子一体化の心情が生じ、出産の喜びと希望が湧いた」

筆者はロールレタリングの目的は、衝動的行動に対して、自己と他者からの視点により現実吟味と客観視を図り、自己の問題性へ気づくことにある、と考える。

ロールレタリングは、多重人格障害（ＭＰＤ）に対しても、人格の解離による非現実的、非論理的な状態に気づき、それらの再統合を図ることを目ざす。ロールレタリング療法による自己の問題性への気づきは非指示的カウンセリングに比べて早い、という臨床経験から筆者はこの拙論を書いた。

〈ロールレタリングによる気づきと自我の統合性〉

筆者は一九九四年五月の日本交流分析学会横浜大会においてスライドによる発表を行った。司会をされた河野友信先生（心療内科医師・ストレス研究所所長）から発表後、筆者に「ロールレタリングによる理論構成が完成されましたね。ご苦労さまでした」とねぎらいの言葉をいただき、強く励まされた。**図１・２**はその際に提示したものである。これを説明する。

第一段階

自己：自分の悩み、苦しみ、憎悪、反感など、自己の内界にある欲求不満や不安などを訴える。（ACの自我状態）

他者：相手の過去、現在の思考、感情や行動など、批判的、説教的、懲罰的に　攻撃する。（CPの自我状態）

対話的な内容から対決的な内容へ変化することもある。

第二段階

自己：欲求不満や無視された孤独感や腹いせから問題行動に走らざるを得なかった思考、感情、行

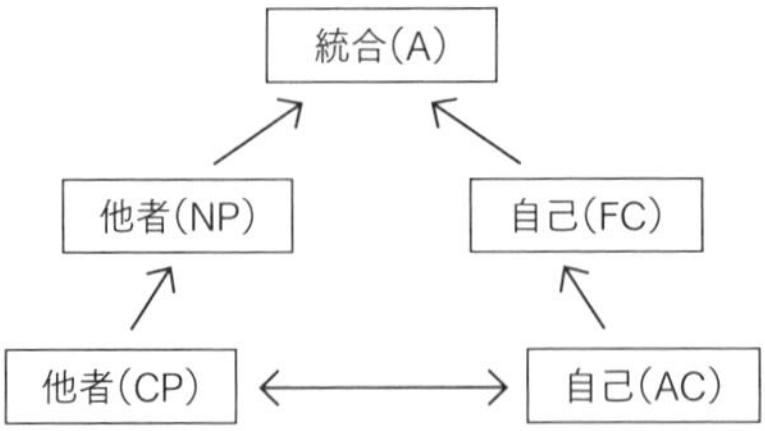

図1　受容と対決と統合の構図（春口）

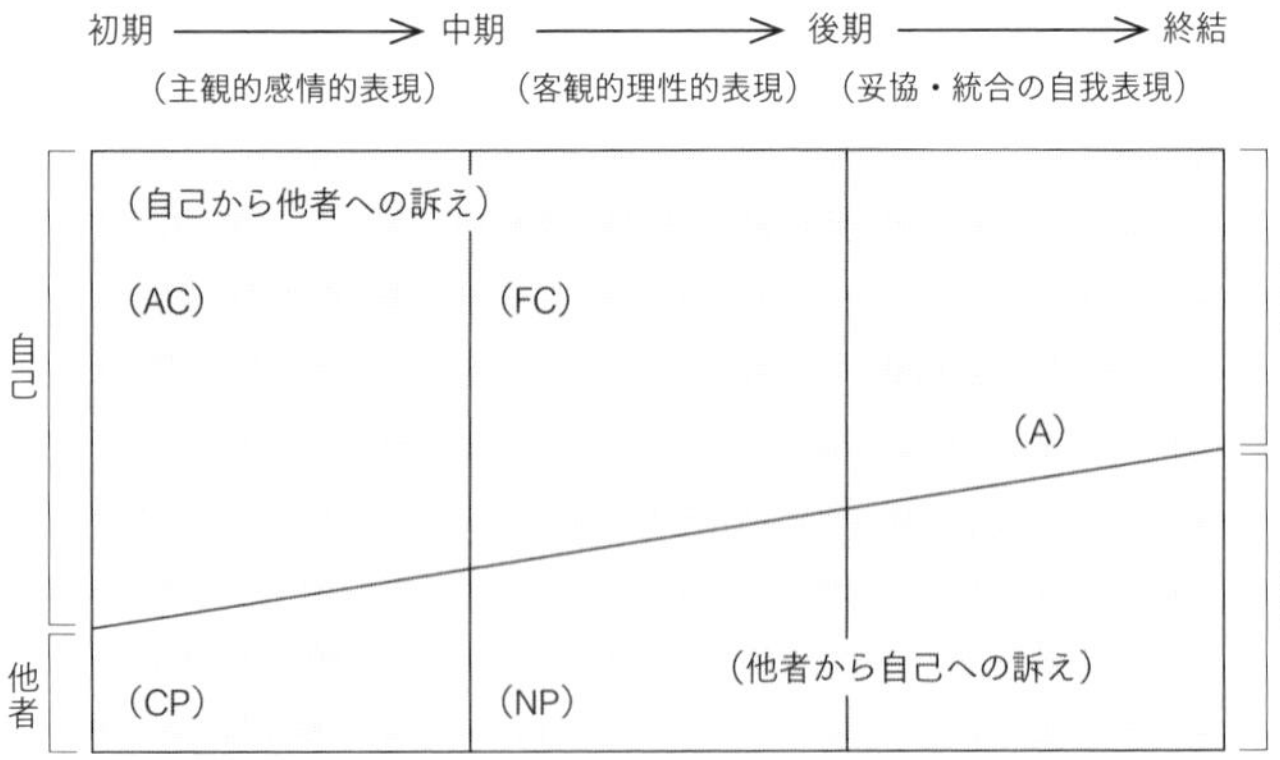

図2　ロールレタリングによる思考・感情の表現過程（春口）

動をあるがままに率直に訴える。（FCの自我状態）

他者：相手がやむをえず問題行動に走らざるを得なかった内心を率直に告白し反省したことに対しての理解や受容的な考えや妥協的な態度を示す。（NPの自我状態）

第三段階

自己と他者：双方からの対話、対決から受容、統合往復書簡を重ねながら客観的、理性的な洞察が進み、心のしこりがとれ、自己の問題性に気づき自他肯定的な構えによって、妥協し統合へと至る。（Aの自我状態）

ある患者が「これまで『親の辛い苦悩の気持ちがわかるか』と先生から尋ねられたが、『なんとなくわかる』と答えていた。しかしロールレタリングをして、ほんとうはわかっていなかったから、同じ失敗をくり返していたことに気づいた」という。

自分の心の中に相手の目をもち、その目で自他を見直して、人間関係の歪み、自己中心的な偏見や反感・憎悪を見直して客観的、理性的、規範的、統合的な働きが生じるのであろう。

五　ロールレタリングによる右脳への刺激

ロールレタリングを重ねるにつれ、相手の立場に立って、過去、現在の思考、感情、行動について記憶をたぐりよせてイメージを構築し、相手に手紙方式で文章を書く。これがイメージ脳を刺激し、右脳は直感力や感受性を高めるといわれるだけに、感受性の強い小中学校生に対し「ロールレタリングによるいじめに対する指導要領」の研究に取り組んできた。文部科学省では義務教育の一環として相手の立場に身を置いて考え、人の痛みを感じる感性の教育が強調されている。

二〇〇〇年には「中学校におけるロール・レタリングによる生と死の教育」と題する報告を『犯罪と非行』一二五号（日立みらい財団）に掲載した。

右脳の働きについては認知症患者の病棟での回想法で次の点に注目した。

「人は失語症になり、話はできなくなっても歌は歌える。つまり歌詞は脳の右側で扱われている。言葉のようで言葉ではない。

脳内ホルモンは右脳優位で出てくると言われている。八十三歳の老婆が小学生のときに習ったという掛け算の九九をスラスラと暗唱されたときは驚いた。また、「門前の小僧習わぬお経を読む」という言葉が思い浮かんだ。右脳の潜在力と持続力の強さをあらためて認識させられたのである。

吉本伊信氏が創始した内観療法は自己の問題性への気づきが早い。筆者は大分少年院勤務中の一九六二年に内観を直視したとき、強烈な印象をうけた。

〈いじめの問題性への気づき〉

中学三年の生徒。「このロールレタリングノートを書き始めたころは、いじめは自分には関係ないと思っていた。でも、何回か書いていていて、いじめられた人の気持ちになって書いていると、なんとなく、自分にも関係あるんじゃないかと思うようになってきた。そう思うたびに、少し、ふざけて書いていたような部分が少なくなってきて、自分がいじめられたら、こういう気持ちになるんだろうなあと思った。そして、いじめられている気持ちになっていると、なんだか周りで見ている人までが自分をいじめているように思えた。今まで、いろんな人がいじめられているのを見ていたけど、そのときは自分には関係ないと思っていたのが、自分もいじめていたんだと、そのとき初めて知った。この手紙を書いて、いじめは、いじめている人といじめられている人だけの問題だと思っていたのが、見ている人も、いじめているのに気づいた」という。左脳は細部にこだわるのに対し、右脳は全体を把握するのが得意であることが、このロールレタリングからも理解されよう。

六　ロールレタリングは想像性と直感を高める

老人治療病棟で、トイレに行かず注意しても近くの壁に放尿する患者に困り、その壁にお地蔵の絵を書いて貼りつけたところ、その壁に放尿しなくなったケースもあるという。よく裏町の家に鳥居の絵を書いてあったのが散見された。昔は罰が当たる、地獄に落ちる、お天道《てんとう》さまが見ていると親から叱られたものである。

児童・生徒の殺人事件などが起こり、児童・生徒の心をどう育てるか、学校では模索が続いている。

相手の気持ちを理解できる教育が注目されている今日、ロールレタリングは自己の問題性への気づきが早いことを筆者は臨床を通じて感知してきた。昨今の残忍な幼児わいせつの犯罪を考えるとき、パソコンに熱中し、閉じこもることにより孤立感を深め、外に向かう意欲を喪失した人、自己中心的な世界に溺れ、本能のままに衝動的な行動にはまった人との関連が懸念される。自然のなかで多くの仲間と遊びまわり、喜んだり喧嘩したりしながら直感と共感性を身につけてはじめて相手の痛みを感じあうことができるのではないだろうか。「子供は遊びの天才である」という言葉は遠くなっている。

ロールレタリングの特徴として筆者は、臨床的仮説として次の七つをあげている。すなわち、①文章による思考・感情の明確化・認知化、②自己カウンセリングの作用、③カタルシス作用、④対決と受容、⑤自己と他者双方からの視点の獲得、⑥ロールレタリングによるイメージ脱感作、⑦自己の非論理的、不合理な思考への気づき。

これらの仮説は、心理療法が成功するためにクライエント側に生起することが期待される項目である。

おわりに

筆者は一九八四年から長年にわたり、日本交流分析学会全国大会でロールレタリングの理論構成と技法開発を発表しその効果の検証を提唱してきたが、ロールレタリングにはまだまだこれからの研究課題も多い。

「右脳のイメージ・映像機能も松果体（間脳にあるトウモロコシ粒ほどの小さな器官）で、いろいろな脳ホルモンをコントロールしている。イメージは潜在意識が作り出すのである」といわれる。念ずれば通ず、と言われるようにイメージは現実化するものである。願望を強く抱きつづけると、いつしか実るというのであろうか。ロールレタリングが悩む人の心を癒やし、自己の問題性に気づき、自己実現への道を歩むための心理技法として広く応用されることを念じたい。

精神内界が貧しく空虚な心性の子供たちが少年非行の予備軍として注目され、見知らぬ若人がケイタイで知り合い集団自殺するようなこともしばしば報じられている。若人が自殺、自傷、薬物、アルコールに走るケースには、自分自身を嫌い、親や家族を嫌い、周囲の人も嫌う、という自己否定、他者否定の傾向が強くみられる。

右脳の世界は相手中心で、相手を思う心を探りはじめ、心に深く関わる脳である。左脳は言語脳で、知性によって思考、感情、行動を言語化し、文章化するだけに、分析的な思考活動が期待され自我の統合を促す。

「真理は二人からはじまる」（ヤスパース）。自己の内界に自我と他我の二人が、右脳と左脳による対話を行うなかから真理が生じるのではなかろうか。

「対話こそ文明間の矛盾や衝突をなくす重要なメカニズムである。相手の存在を認め、その存在の価値や条件を尊重し、互いに参照して学び合い恩恵を与え合うという対話のメカニズムが異なる文明間には必要である」（A・トインビー）という名言を筆者はロールレタリングの理念としたい。

（一九八九年）

〔引用・参考文献〕

リタ・カーター著、養老孟司監修、藤井留美訳『脳と心の地形図――思考・感情・意識の深淵に向かって』原書房、一九九九年

同書第2章　意識の王国―右脳と左脳（四九 - 七六頁）

同書第3章　脳の発電所―大脳辺縁系（七七 - 一一二頁）

七田眞『奇跡の「右脳」革命』三笠書房、二〇〇二年、四六 - 四八頁

「発達障害の子どう接する?」朝日新聞、二〇〇四年一〇月二四日

福島章「近年の少年犯罪にみる心理」大分合同新聞、二〇〇〇年七月八日付朝刊

川島隆太『川島隆太教授の脳を鍛える大人の計算ドリル』くもん出版、二〇〇三年

春山茂雄『脳内革命――脳から出るホルモンが生き方を変える』サンマーク出版、一九九六年

川島隆太・山崎律美『痴呆に挑む――学習療法の基礎知識』くもん出版、二〇〇四年

『Ｂｅ!』（ＡＳＫ）七四、二〇〇四年三月

「右脳を使った高速記憶」（ワタナベ式記憶術通信講座）朝日新聞広告

ヤスパース著、草薙正夫訳『哲学入門』新潮社、一九七四年

濱田栄夫「想像力と生きる力」聖教新聞、二〇〇五年三月一〇日付

杉田峰康監修、春口徳雄編著『ロール・レタリングの理論と実際――役割交換書簡法』チーム医療、一九九五年

杉田峰康監修、春口徳雄著『ロール・レタリング入門』創元社、二〇〇一年

6章　境界性人格障害（ＢＰＤ）とロールレタリング

はじめに

筆者は「来談者が今ここで自らの力で自己の問題性に気づき、これを改善する方法を学習することが心理療法の基本である」という課題について問題意識をもち、ロールレタリングと面接を併用して、臨床経験を重ねてきた。とくにアルコール依存症や薬物嗜癖の患者や累犯罪者のなかには、ＤＳＭ−Ⅲの診断基準に照らし、明らかに境界性人格障害者（以下ＢＰＤと略記）と診断されるものもいる。また、最近は問題生徒を担任している高校教師の相談内容からＢＰＤと推測されるケースも見られることがある。

なお、矯正施設（刑務所・少年院）においても、処遇困難者として職員がその対応に苦労している入所者の中にもＢＰＤと思われるケースもあると考えられる。

ロールレタリングの視点からも、ＢＰＤに対する処遇技法を確立することが重要な課題となっている。ここでは、アルコールや薬物依存症患者のなかで、病院側からＢＰＤと診断された患者に対してロールレタリングを適用した事例を紹介したい。

一　境界性人格障害について

境界性人格障害（ＢＰＤ）は、統合失調症と神経症とのボーダーラインに位置すると考えられた時期もあったが、現在は人格障害の一型と考えられているようである。ＢＰＤの特徴について、牛島定信教授（東京慈恵会医科大学）の助言を中心に筆者の臨床の体験を含めて述べさせていただく。

①長期間にわたり、対人関係を作りあげることができない。

たとえば、少年自身が切望した仕事も二週間と続かず、いろいろな職種をひんぱんに転職する。これはその仕事そのものの厳しさに耐えられないこともさることながら、職場での対人関係の不調（喧嘩、対立、嫌気など）にも起因している。他者との協調、妥協ができないため、対人関係をうまく維持することが難しい。また義務と責任を果たすという誠実さに欠け、場あたり的なので、関係する人々のひんしゅくを買うことが多い。「これが自分だ」というしっかりした自己像がなく、同一性の障害や混乱をきたしている。

②処遇困難としてマークされる少年のなかに、過去においても自傷・自殺のそぶりなどの頻度の高い衝動的な行動がみられる。

この衝動的行動をとる内的刺激としての「うつ」と「怒り」と「悲しさ」から逃げるための手段として、薬物、暴力、自傷、自殺未遂、不純異性交遊などの行動化も見られる。

A、Bの両少年も自殺未遂、自傷、覚醒剤や乱脈なセックスがみられた。また、C少年の父親は「家具を目茶苦茶にこわし自動車一台もハンマーで打ちこわして、家族はわが息子の行動に恐れをなした」という。

また、親・教師から叱責・非難されることをあえて求めるかのように行動する。

③ときとして現実検討能力の低下をきたし、そのため被害念慮、妄想様観念などの症状が出現する場合がある。

A少年の場合は、相手の連中が私の悪口を言う、告げ口をしているので殴り倒したいと言う。その相手はまったく疑われる態度をとっていないにもかかわらず、一方的に被害感情を表出させ、相手に攻撃をかけ敵視する。ロールレタリングによってA少年が書いた手紙を見てみよう。

「あのさ、私っち、人って苦手。だってよ、人の顔見よったら、何か悪いことを考えんでいられないし、声聞いても何か勝手にジャキまわすしさ。こんな私がどんな思いで、ここ（施設）にいるか、おそらくわからんやろうね。わるいけど私の目の中に入った一人にせめて一回はジャキをまわしとるよ。それで今までずっと一人で悩んでカッカする。考えまいとしても、やめられんけん、またそれでカッカする」と書いている。

境界例の患者に対し、以前は軽症統合失調症といわれていた意味が理解できるようである。

④うつ感情から覇気がなく、表情も暗い。両親が面会にみえ、慰め、希望を与えても明るい表情は見られない。「なぜ、わざわざ面会に来るのかね」と常識では理解に苦しむようなセリフを吐く。

A少年の母親と姉が面会にみえた。そのあとA少年は筆者に、「姉は私に対し『甘えるな』と涙を流した。それを見て私は、なんで家族は私を待ってくれているのかね、と不思議に感じる。まわりが何で私をかまってくれるのかと思う」と話した。筆者が「姉さんの涙をみてどう思う」と問うと、少年は、「なんで泣くのかねと思う。姉は私の立場になったことがないので、わからないのだと思う。姉の気持ちがピンとこない」という。

⑤強迫、恐怖などの多彩な神経症状や摂食障害などが出現する。

C少年は、「俺はみんなから無視されている」といって敵意を募らせ食事を拒否したので、栄養剤を注射したことがある。また、便秘、不眠を訴え、対人恐怖などの神経症と疑ったことがある。

⑥孤独に耐えられない。たとえば、独りになるのを避けるために気違いじみた行動をとる。独りでいると抑うつ的になると言う。

C少年は、集団生活でトラブルを起こすので、単独室に移そうとするとひどく抵抗し、単独室に移されることに恐怖感を抱くような反応を示したのである。それでは集団室でトラブルを起こすべきでないと厳しい注意を与えるが、注意を無視するかのように集団生活を乱す行動をとる。

D少年は、家庭で自分の部屋に引きこもっては薬物に耽溺していたと言う。これは、独りでいると抑うつ的になるので、これを防衛するための手段とも考えられる。また、慢性的な空虚感または退屈さがみられる。具体的な目標がなく、現実適応への意欲もみられない。自己認知を修正して、社会復帰しようとする構えがみられない。

⑦知的能力も高く、知的指数は標準またはそれ以上というのが一つの特徴といえよう。日記、作文なども、表現力が豊かで言語能力もある。

⑧自己中心的な思考をもち、矛盾に満ちた連想をする。その矛盾について指摘すると、それに気づき、その場でこれを改めるが、それが希薄で持続しない。

Ｂ少年はＩＱ１２１で、中学もほとんど就学していないせいか学力はついていない。しかし、大学医学部に進学したいという。

⑨境界例の少年たちと接して感じられることは、「申し訳ない、すみません、私が悪かった」と非を悔い改めるような反省的な思考・感情や態度が欠如した未熟さである。

筆者がＡ少年に、「相手はあなたに非難されるようなことはまったくしていないと述べているが、あなたが相手を非難し敵意を抱いている理由は何だろう」と尋ねたところ、考えたすえ、「私の邪気でしょうか」と自分の一方的な思い過ごしであったことを認めたのである。その点が軽症統合失調症と異なる点ではないかとも考えられる。

⑩担任職員が常識をもって対応すると、その少年は不安を起こす。職員が非常識な行動を注意すると、彼は腹をたてて反感を抱く傾向がある。なぜ常識的な思考・感情をもって対応できないのであろうか。

Ａ少年は「私の家庭では対話らしい対話は経験していない。親と子どもがペチャペチャ喋っているのをみると、馬鹿みたい、と思う。相手とつき合う要領がわからない。こちらは気をつかったつもりで対応するが、相手から反発を喰う」という。

この言葉からみて、家庭内での交流を通じ、相手の思考・感情などを感知し読み取る体験学習が欠落しているように思われる。それが常識的な行動がとれない要因の一つとも考えられる。

⑪感情体験が乏しい。

Ａ少年は「面会の席で姉が涙を流すのを見て、なんで泣くのかねと思う」という。この言葉から、感情移入や共感性が乏しいことが推測される。Ａ少年が「親は気にくわないことがあれば暴力を振う。父は私にいたずらしかけたことがあった。両親は私の目のつくところでセックスをしていたので、何度となくいやみを言ったことがある」と述べたことが印象に残っている。日常生活で、親の子に対する繊細な気配りや愛情のないもの淋しい孤独感にひたる精神生活が、感情生活を貧困にさせているのであろうか。

⑫自己愛がとくに強い。

他の人のことは考えない。自分に好感を抱く人に対しては拒否しないが、自分にとって思わしくない相手には被害感を抱き反抗的態度をとる。

他人に負けたくない、遅れをとりたくないという自分なりのプライドをもっている。「私の悪口を言っている、他人に私の欠点を言い触らしている」と妄想を抱くのは、自分のプライドを傷つけられたくないという投影の表われと考えられる。

⑬自虐的行為に走りやすい。前にも触れたが、自傷・自殺などの自己破壊的な衝動的行為が見られる。

Ｂ少年は手首を六回切傷したり、自殺未遂を起こしている。なぜ、このような行動に出るのであろうか。境界例は自己愛（ナルシズム）がとくに強いという。この自己愛が強まると自虐性（マゾヒズム）に進むのであろうか。自分の甘えの当てがはずれると、すねたり、相手に背を向けてひねくれたりする。甘えは元来ナルシズム的で、必然的に恨みと憎しみを内に秘めているので、喰ってかかる、噛みつくなど攻撃的行動をとるのである。

土居健郎先生は「マゾヒズムも、その根底に甘えの病理が存在する」と述べている。では、本来は愛を求める欲求が、なぜ自虐的傾向に走るのであろうか、という疑問が生じる。

愛が不足すると愛情獲得の手段が変わると言われる。Ｗ・ライヒは「被害性は愛の欲求の挫折に基くものである」と言い、土居先生は、「愛を求める欲求から自然的に被虐性が導き出される」と述べている。この被虐性とは、まさしく境界例の少年たちがくり返す自傷や自殺のそぶりを意味するものと考えられる。

⑭境界例の少年は同一性障害を持ち、自我の分裂状態にある。したがって、現実を吟味し冷静に対応するだけの自我の力を有していないことが、自傷・自殺などの衝動的行動を助長するのではないだろうか。

⑮境界例は、Ｊ・Ｆ・マスターソンによれば見捨てられ抑うつが強いという。これは一つの感情で

構成されているのではなく、それらは抑うつ、憤怒、恐怖、罪悪感、受動性と無力性、空虚とむなしさの六つの感情成分の複合よりなる、と言われている。心理的統合やバランスを欠く境界例の少年は、この複合した感情がちょっとの刺激で瞬間的に表面化するのではないだろうか。

A少年は、祖母に会うことを申し出たが拒否されたため、その直後、橋から飛び降り自殺未遂を起こすという衝動的な行動に走っている。

二 BPDのケースワークにおけるロールレタリングの活用

BPDのケースワーク療法の目的は、「自分たちの家庭を秩序だてること」にある。つまり「安定した自己表象として両親を知覚することである。両親に対する理想化と、自分なりの方法で両親に対処し、しがみつきや盲従をあきらめ、自己適応へのガイドとして自己表現を用いる。自分の欲求と両親及びまわりの人の欲求とを区別し、自己主張することで、自分自身を支え、自分自身の目標を追求する能力を確立していくことである」と言われている（マスターソン著、作田勉他訳『青年期境界例の精神療法』）。

BPDは非現実的な思考・感情が内心で反復的に葛藤をもたらすため自己の存在を客観的、冷静に認知できずにいるものといえよう。私どもはこれらの思考・感情をまず表出させ、明確化するための方法の一つとして、患者と最もかかわりの深い人物を選び、これらの人物との間のロールレタリングを行うのである。

ロールレタリングの過程は、患者の幻想や葛藤を外在化し、自己と他者の両面の視点から、衝動的行動に対し、現実吟味と客観視を促すことで、自己の問題に気づかせることを目的とする。

筆者は次の方針を立てている。

1　初期

①治療者と患者との信頼関係を確立し支持的療法を行う。
②ロールレタリングによる自己洞察のための技法を学習するように動機づける。

2　中期

①患者と対象者とのロールレタリングの過程を通して、受容↓対決↓妥協という順序で心理的統合を図る。
②患者の衝動的行為に焦点をしぼり、「今ここで」これに直面化して、即行動化が自・他を傷つけていることに気づくよう援助する。

3　後期

①患者が行動化を手放す段階では、閉鎖、逃避、否認といった抑うつに対する防衛が生じる。これ

を軽減するためにロールレタリングによる自己カウンセリングを行う。

②治療者からの分離不安に対応するために治療者と患者のロールレタリングを行い、治療者は無条件の受容の下、患者が自他肯定的な表象を培い自立に向かうように援助する。

三　事例

患者（K子、二十八歳）中学時代からシンナーを乱用、不純異性交遊も見られた。十七歳のときから飲酒。自傷および自殺未遂二回。二十六歳でアルコール依存症と診断され、現在まで入院をくり返している。二十四歳のときに結婚。二十八歳で離婚。院内では対人関係が不調で、孤立的である。他者に対する非難が多く、器物破損、自傷、自殺未遂がある。ＩＱ１１１、診断名は境界性人格障害。

1　患者に対するロールレタリングのねらい

一般の心理療法の過程では、治療者との間で転移、逆転移が問題となるが、ロールレタリングでは、この種の感情問題は生じることなく、多くの感情体験は患者自身の内界の対話という形で行われる。

ＢＰＤの治療においては、患者の即行動化の取り扱いが、とくに決定的役割を果たすことが重視されている。ＢＰＤの意志表示は言語によらず、即行動によって表出される。これに直面させ、ロールレタリングを導入する。

即行動化に対するロールレタリングのねらいは、自己破壊性を課題ロールレタリング（患者の症状・行動に応じ課題を与え、自己と対象者との双方から、その課題に対決させる）のテーマとし、自己の未熟性と問題性に気づきを促すとともに、現実吟味能力を高めることにある。

ロールレタリングは、患者と最もかかわりの深い人物を対象に導入していく。

本症例においては、親⟷娘（患者）とのロールレタリングを三カ月間（二十二回往復書簡）実施した。ロールレタリング開始半月後、患者は、母親が約束した面会日にこなかったため、母親に見捨てられたと思い、ガラス窓を破り、手を切傷した。この時点で、母⟷娘（患者）との課題ロールレタリングを導入した。以下、その一部を紹介する。

〈母から娘へ〉「あなた（患者）は自分の身体を傷つけるのが好きだ」

「Kちゃん、あなたは、どうしてそんなに自分の身体をいためつけるのですか。身体をいためつけても何の解決にもならないでしょう。キズが残るだけで、何のためにもならない。それなのにどうしてするのですか。お母さんにわかってもらいたいなら、身体を傷つけなくても、あなたがほんとうに自分のことを思うならもっと別のことをしなさい。人様に迷惑かけて、それですむと思っているのですか。世間はそんなに甘くはありませんよ。何の解決にもなりませんよ。もっと自分をしっかりした信念をもちなさい。物に当たったりしても何にもなりませんよ。これまでどれだけ、自分をいためつけてきましたか、わかりますか。あなたは自分の身体だからよいではないかと思ってしているかもしれませんが、あなた一人で解決できないでしょう。どうしてもお母さんの方に迷惑がかかってくるのではないですか」

これに対しての返信をみると、

〈娘からお母さんへ〉（二回目）

「お母さんごめんね。自分でもどうしてよいかわからなくなり、自分の身体をいためてしまう。今でもそうだ。私は来月に退院できなかったら本当のところ、もう死んでやろうと思っていました。自分をいためつけて、そして逃げ道ばかり考えていました。死ぬのはこわい。本当に死ねるかどうかもわからず、ただ死のう、それればかり心の片すみで考えていたことはかくせません。私は自分の思い通りにならなかったらいつも逃げていた。私は生きていて本当によいのだろうかと思っていた。このまま迷惑ばかりかけて、ほんとうに良いのだろうか、と自分で自分をいためつづけている面もあった。でもそれは甘えだったのですね。他人の悲しみや迷惑も考えずに自分のことばかり考えて。正直言って、この手紙を書かないといけないと思ったとき、とても恥ずかしくなった。お母さん許してね」

〈娘からお母さんへ〉（八回目）

「お母さん、私も生きたい。これからは自分をキズつけるようなことはしないようにする。もう逃げるのはよそう。正面からたたかっていこう。自分をキズつけるようなことがないよう努力してみよう。自分の力のあるかぎり頑張っていってみよう。年をとれば死ぬ。死ぬときは死にたくなくても死ぬ。逃げることはやめよう。自分を甘やかさないように努力してみよう。お母さんを泣かすようなことはしないよう努力する。とにかく頑張って立ち直ることばかり考えてみよう」

自己の問題性に気づき反省をせまられている。

〈母から娘へ〉（十三回目）

「お母さんは、あなたがにくい。お母さんまで巻きぞえにしたあなたがにくい。でもあなたもこりたでしょう。もうこのへんで立ち直ってください。自分をキズつけるようなことはもうしないでほしい。お母さんにまで迷惑がいくから。自分をキズつけてどうなる。このへんでお母さんもらくにさせてください。これがお母さんの本心です。もうこれ以上、お母さんや人様に迷惑をかけてもどうしようもないでしょう。もっと強く自分に誇りをもちなさい」

自己の問題性を客観視しつつある。

〈娘よりお母さんへ〉（十四回目）

「お母さんがきびしいことを言うのも私のことを思っているからでしょうね。最初、私はお母さんから言われたとき、ショックでした。お母さんのことをうらみました。でも時間をおいて考えてみると、私に、もうこれ以上、迷惑かけず、りっぱに立ち直って欲しいから言ったのではないかと思いました。うじうじしていたら、また、やけをおこします。私にはとてもきびしいけれどそれがお母さんの本心かもしれませんね。お母さんにしてみれば、私の何倍も苦労してしているのでしょうね。ふびんな娘をもって、本当にお母さんはかわいそうだ」

人は自分に気づくための作業を始めると、必ず自分のなかの親、家族など自分と深いかかわりのある人物と遭遇する。そしてこれらの人々がときには自分に抗し、ときには自分を支えてくれることを発見する。今日、精神分析の対象関係理論がこの点を明らかにしつつある。

さらに患者の二十回目のロールレタリングをみると、

〈母から娘へ〉

「Kちゃん、そんなに退院したいのですか。そんなに、あせってどうなります。お母さんは、あなたが入院しているときが一番安心です。お母さんはあなたがこわい。本当に立ち直れる自信はついているのですか。お母さんは心配です。もうこれ以上迷惑かけてほしくない。そんなにお母さんを苦しめないでください。お母さんはきびしいかもしれない。でもお母さんは、あなたのことを思ってのことですよ。誰のためでもない。あなた自身のために言っていることですよ。わかりますか。お母さんも身体のぐあいが悪くなってきています。年のせいもありますが、もうこれ以上の迷惑、心配はこうむりたくありません。あなたも自分のしてきたことに早く目ざめなさい。誰のためでもない。あなたのためですよ」

四十日間にわたり、二十回のロールレタリングを行った。

その一カ月後、患者は母親に対し、退院希望を再三手紙で訴えた。そこで母親の身になっての理解を促進するため、母親↔娘（患者）との課題ロールレタリングを導入した。課題ロールレタリングとは、自己の問題性に対決するため課題を与え洞察を図る方法である。

2　課題ロールレタリングの事例

〈母親から娘（患者）へ〉「あなたは口先だけよ」（一回目）

「Kちゃん、ほんとうに、あなたの言っていることを信じていいのですか。お母さんはあなたから何回となく裏切られました。今度こそはと信じてきましたが、その期待にも、こたえてくれず、とうとう何もかも失ってしまいました。でも今回は今までのあなたとちがうように感じます。だから、あなたの言っている言葉を信じてもいいのかどうか迷っています。

あなたも色々とお母さんにいいたいことや不満もあるかもしれませんが、何も言わないあなたを見ていると、少し変わったな、お母さんの気持ちも少し、わかってきたのかなと思います」

〈娘からお母さんへ〉（八回目）

「お母さんに私の言うことを信じてくれと言うほうが酷なことだと思います。今まで、さんざん迷惑かけ、裏切ってきたのですから。でも、今回の入院で色々と得たものが、わかってきたことがたくさんあります。私も一〇〇％自信があるとは言えませんがやはり不安な気持ちもあります。ただ言えることは、今までの私とちがうということです。だからお母さんが、もし私の言っていることをためしてみよう、と思う気持ちがあるのなら、私はそれで満足です」

退院したいが母に迷惑をかけられないというジレンマや不安に遭遇している。次に十二回目のロールレタリングをみると、

〈母から娘へ〉（十二回目）

「Kちゃん、あなたの言うことはわかります。でもお母さんの立場を考えてください。四度の失敗、これほど証明されたことはないでしょう。それなのに、信じてくれというのが無理でしょう。もしも、お母さんが、あなたの立場だったらどうしますか。よく考えてみれば、やはりあなたもお母さんと同じことをするのではないでしょうか。そうして言った通り、訴える言葉は同じではないでしょうか。もう少し考えてみてください。あなたの気持ちはよくわかっているつもりです。だから、あなたは自分の病気を一日も早く治すことを考えて、退院のことはお母さんにまかせておいてください」

この患者の母親が、その後面会に見えた。

「あなたは口先だけよ」という課題ロールレタリングによる母親の立場になっての訴えのなかの「あ

なたは自分の病気を一日も早く治すことを考えて、退院のことはお母さんにまかせておいてくださ い」という文章表現に注目した。これは母親との妥協と考えられるように思う。面会中、Ｋ子は退院の話は一言も口にせず、ただ母親の説教を静かに聞いていたという。患者にとって一番かかわりの深い相手と、恨み、反発、欲求などをロールレタリングで自由に訴えあえることは、見捨てられた不安と抑うつ感情の軽減につながる。

なお、患者自身の矛盾した思考や感情が表出され、無条件の受容に支えられると、母親からの訴えに対し肯定的となり対立思考に妥協が生じる。つまり「退院のことは母にまかせなさい」という形で心理的妥協が図られる。

ＢＰＤでは感情移入的理解が乏しいところに一つの問題性がある。入院初期に患者の母親と姉が面会に見えた。姉は妹の顔をみて涙を流した。それをみた患者は「姉はなんで泣くのかね」と述べた。姉の妹に対する不憫の涙であることを共感できないところに病理の一端がうかがわれよう。ＢＰＤの治療のポイントは、患者の衝動的行為にみられる矛盾や不合理に気づかせ、また幻想、葛藤を明確化させ、自己を洞察させることにあると言われている。

ＢＰＤは対人関係が極めて不調であり、被害者が何の理由で殴られたかわからないと訴えるほど、患者は即行動化に走る傾向がある。Ｋ子が同室者と喧嘩したので、即日次の課題ロールレタリングを導入した。

〈母から娘（患者）へ〉「あなたは瞬間湯沸かし器よ」

「Kちゃん、あなたは十四歳の終わり頃から悪くなり、お母さんの言うことなど何も聞かず、好き勝手なことばかりしてきましたね。叱れば叱るほど反発して、なお言うこともきかず、叱ればすぐ怒る。その繰り返しでしたね。家出も何十回したことでしょうか。あなたなりの考えで、してきたことかもしれませんが、そのたびに尻ぬぐいをするのは、お母さんやお父さんだったのです。

自分の感情を抑えることもできず、何も考えず、すぐ実行に移し、どんなにお母さんを苦しめたか、わかっているのですか。現実にいまだに、お母さんに迷惑をかけているではありませんか。自分の思い通りにならないと、イライラして窓ガラスを割ったり、喧嘩したり、後のことは何も考えていなかったでしょう。あなたがきちんとすれば、お母さんなりにあなたのことは考えています」

四回目のロールレタリングでは、

〈娘からお母さんへ〉（四回目）

「お母さん、私は今まで、自分の好き勝手な生き方をしてきました。叱られると反対に怒る。そして物にあたり、酒を飲み暴言をはいたりしてきましたね。結婚して子供を生んで家庭をもって、それでも家族のことなど考えず、今度はお酒におぼれてしまいました。

今この年になって、はじめてお母さんの気持ちがわかってきたようです。私が気が短かったのです。すぐ頭にくるとかーっとなり、何も考えず自分が納得するまで人の言うこともきかず、やりたいほうだいだったようですね。十四歳から考えは自分のことばかり考えて、好き勝手ばかりしてきました。叱られればそれに対し反発することしか考えていなかったようです」

〈母から娘へ〉（七回目）

「あなたが何を言っても、お母さんは納得がいきませんよ。酒を飲むなといっても、かくれて飲む。手におえなくなると病院に入院。入院しても少しも良くならず、悪知恵だけがはたらいて周りに迷惑をかける。その繰り返しではないですか。

お母さんは本当に大変苦労をしましたよ。それも全部、あなたがしてきたことでしょう。いつかは目ざめてくれるかと思いながら、あなたはもうこれ以上、治る見込みがないかもしれない。そんな気持ちがよぎるのもたしかです。この十四年間、どれだけ、迷惑をこうむったかわかりません。後に残されたものはどうしますか。お母さんはあなたが今度こそほんとうに立ち直ってくれることを祈っています」

母親の立場から娘に対しきびしい批判が見られ、自己の問題性を直視しつつある。

〈娘からお母さんへ〉（八回目）

「私はほんとうにわがままほうだいだったようです。お母さんの言うことは何一つきかず、自分の思い通りにならないと腹をたてていました。お母さんの言うことをもう少しでもきいていたなら、私の人生も変わっていたかもしれません。でも私はお母さんの言うことには耳もかたむけず、自分のしたいほうだいしてきました。気分の変わりが激しかったのもたしかです。短気はそん気といいますが、その通りだということが今になってようやくわかってきました。すぐ、かーっとすることばかりしてきたようです。結局、逃げていたのでしょうね。今はそんな自分のことを悟ることができるようになって本当によかったと思うようになりました。

お母さんに今だに迷惑をかけていますが、どうか許してください」

患者はこのロールレタリングのあと、次のように書いている。

「はじめのローレ（ロールレタリング）は、母に訴えることばかり書いていました。自分の要求ばかりして、相手の立場にはなろうとしませんでした。先生に対しても電話をかけてほしい。そればかり要求していました。

今ローレを読んでみると、自分の殻にばかりとじこもり、この頃は、まだ先生は何もおっしゃらなかった。たぶん、先生は、わかっていたのでしょう。でも、私がまだ何もわかっていないので、だまっていられたのでしょう。はじめのころは何もわからず、ローレの意味もよく理解できず、ただ、書いたというだけです。中頃になるとローレの意味もわかり、先生から宿題も出るようになりました。相手の気持ちに少しなれるようになりました。相手の身になって言いたいのだが、言ってしまえば、自分が不利になる。書いたらつごうが悪くなるので、自分の殻にとじこもっていました。この頃は、先生もだんだんと私を導いてくれるようになりました。それでもまだ自分の殻にとじこもっていました。相手の立場を考えながら気持ちを、そこなわないよう少しずつ出してきたようですが、全部とはいえません。この頃も真剣に相手の気持ちを考えず相手に訴えることばかりでした。そのとき先生から、まだ素直に相手の立場になって考えていないネと言われ、その言葉が胸に刺さって、今度こそは、自分の我を捨てて、本当に相手の立場になって考えてみようと思い書きました。正直言って、自分の不利なことばかり書かなければいけないので、つらかったのです。でも書いてみると、後がスッキリし、気持ちがとても楽になりました。立場をおきかえてみれば、こんなにも苦しめているのかと知り、母をどんなに傷つけているかもわかりました。自分のわがままばかり出していれば、今頃どんなになっていたでしょう。

ロールレのむずかしさ、厳しさもよくわかりました。母にこのロールレを見せたいのです。本当に母の立場になったかどうか、教えてほしいのです。今、母に対して自分の要求ごとばかりいわず、もっと母の気持ちになり、母が私を本当に理解してくれる日まで待っています。母の立場にたたされて考えていなかったら、私はいつまでも自分の殻にとじこもり、自分勝手にするかもしれません」

これまでＫ子は、衝動的に欲求に駆られ、「待つ」ことができず、「すぐに」ということだけであったが、「待つ」という態度が芽生えてきた。三週間後母親が面会にみえた。患者は、これまで迷惑をかけてきたことを母に詫び、退院の要求など一切、口に出さなかったという。その後、対人関係のトラブルもなく、衝動的行為も見られず落ち着いている。

3　ロールレタリングによる自己カウンセリングの事例

うつ症状を軽減する方法として、ロールレタリングによる自己カウンセリングを導入している。ロールレタリングによる自己カウンセリングの対象としては、クライエントを最も面倒をみてくれた親和的な人物を選ぶ。この対象者とはすでにロールレタリングによる感情移入的理解を深めているだけに、自己カウンセリングとして対話方式のロールレタリングは導入しやすい。この一部を紹介する。

〈母から娘へ〉「私もつらいが、あなたもつらいだろう」

「あなたもつらいでしょうけど、お母さんはもっとつらいのですよ。なみたいていの苦労じゃありませんよ。あなたが入院生活がつらいことはわかっています。でも、そうしたのは誰でもなく、あなた自身がしたことですよ。つらい、つらいと思ってはいけません。それを乗り越えていくよう頑張ることです。お母さんはかげからあなたの立ち直ることを祈っています。退院の許可は出たとしても、お母さんは、まだあなたを退院させるつもりはありません。つらいでしょうが、どうか頑張ってください」

〈娘からお母さんへ〉（九回目）

「お母さんが、私よりつらいことはわかっています。苦労していることもわかっています。私は自分でまいた種だから、つらくとも辛抱しなければいけないことは、じゅうじゅう、承知しています。退院の許可がでたといっても、お母さんが、そうかんたんに私を退院させないこともわかります。正直いって、つらいです。でも、しかたのないことです。自分がまいた種です。どうしようもありません」

心の重荷になり、しかし、自分自身にも、それを表現することに抵抗がありながらも自ら母と娘という立場にたち徐々に告白しつつある。

〈母から娘へ〉（十回目）

「あなたは本当にお母さんの気持ちがわかっているのですか。本当にあなた以上にお母さんがつらいことだと思っているのですか。口先だけで言うのは、かんたんなことですよ。お母さんなりに考えていますが、今のあなたを見ていると、まだまだ辛抱がたりないように思います」

母の立場から自己を厳しく批判し現実を直視しつつある。

〈娘からお母さんへ〉（十一回目）

「私のために、私がお母さんの人生を狂わしてしまったことは本当に悪かったと思っています。自分のことばかり考えて、まわりのことなど何も考えず、迷惑ばかりかけてきて、今さら何をいってもきいてはもらえないとは思いました。つらくとも辛抱するのは当たり前かもしれません。それだけお母さんを苦しめてきたのですから。退院の許可がでると後はお母さん次第になりますが、私なりに考えています。きっとお母さんのことだからダメだと思います。引き取るとは言ってくれないでしょう。期待することが無理な話です」

十三回目のロールレタリングでは、

〈娘からお母さんへ〉

「私がもっと早く気づけばここまでにならなかったのかもしれませんが、できそこないというか、わかろうとしなかったのでしょうネ。病院でのつらさは一番私自身が知っていることなのに、それでも繰り返してばかりいて、何をわかったのだと思われてもしかたありません。今まではお母さんも身体が丈夫だったから甘えていましたが、今は私のせいで身体のぐあいも悪くなり心配ばかりかけてすみません」

〈母から娘へ〉（十四回目）

「お母さんも今度は身体のほうもぐあいが悪くなってしまいました。あなたのことよりも自分のことで精いっぱいです。あなたが退院してきたら、お母さんはどうなりますか。また不安な生活の始まりではないでしょうか。あなたが一日も早く退院したい気持ちはわかっています。さぞかしつらいだろうということもわかっています。でもお母さんの立場でよく考えてください」

心の深層にうっ積している不安や罪悪感などを過去の記憶とともに表現することによって、自我にとって負担となっている緊張が発散されている。母親との面会場面では、退院の話はなく、患者の子どものことや母親の病状などについての話題に終始したという。

これはロールレタリングによる、双方の立場になって内心を訴え合う過程のなかでのカタルシス作用と、母親に対する感情移入的理解によるものといえよう。

四　考察

筆者がこれまでかかわったＢＰＤはＩＱも標準値、またはそれ以上で言語能力も高いものであった。しかし彼らは、快楽原則に動機づけられており、言語能力をフォーマルに表現することによって対人交流を営むという学習の場も欠如していた。その結果、自我の歪みを深めたものと考えられる。これらの患者に対してロールレタリングを用いた心理療法の利点として、次のことがあげられよう。

①ロールレタリングでは対象者に対する関係が、治療者との対立感情という形（転移、逆転移）で再現されず、むしろ患者自身の内界の対話という方式で処理される。

②患者の起こす衝動的行動をとらえ、これを即時、課題ロールレタリングのテーマにするまで患者は、その言動にみられる矛盾や葛藤を明確化し自分の問題性に気づく。

この課題ロールレタリングは、患者に最もかかわりの深い人物との対話という方式をとるので、問題性に対し直面化を促進するのが容易である。

③ロールレタリングの過程で患者の幻想や葛藤が明確化され、これまで感じられなかった自己の問題性に気づくことが臨床事例から認められる。

④一般の精神療法に比べ、時間や場所に制約されることがないので、いつでも行うことができる。なお、治療者が長期不在の場合でも、課題ロールレタリングを与えることによって、その間、患者自身が自己洞察を促進することができる。

⑤ロールレタリングは、患者自身が思考と感情を文章化するので、治療者はその心理的変化のプロセスを理解することができ、反応や効果の測定に役立つ資料を得ることができる。なお患者は、ロールレタリングノートを保存し、適時再読している。

次にBPDと非行少年に対するロールレタリングの技法上の相違について触れておきたい。

W・ヒーリーは、「非行は人間の他の行動と同じように自己表現のひとつの様式であり、内的、外的圧力に対する感応の様式である。内外の圧力とは、情動を阻害する人間関係からくるものである」という。したがって、非行少年に対するロールレタリングのねらいとして、次の四点をあげ強調しておきたい。

①クライエントの抱いている欲求不満、憎悪、敵意など、未処理の感情を始末するために今ここで訴えたい自己対象を選んでロールレタリングを行う。
②クライエントの生育過程で、最もかかわりの深い人物、両親、祖父母、兄弟、教師（ときには亡き母など）と、順次ロールレタリングを行う。ロールレタリングの中での受容↓対決↓妥協という過程で、内心の葛藤やアンビバレンスを明確にし、自己の問題性に気づく。
③クライエントの自己対象とのロールレタリングによって、人間関係のこじれた要因が解明され、これをもとに家族ケースワークを行う。
④加害者⟷被害者とのロールレタリングにより非行についての反省を促す。　（一九九二年）

〔引用・参考文献〕

Ｊ・Ｆ・マスターソン著、作田勉他訳『青年期境界例の精神療法――その治療効果と時間的経過』星和書店、一九八二年、一二八頁
遠山敏『矯正・保護カウンセリング』日本文化科学社、一九九〇年、七〇頁
山口透『少年非行学』有信堂高文社、一九八四年、二九頁
福島章編『境界例の精神療法』金剛出版、一九九二年、二八四頁
牛島定信『境界例の臨床』金剛出版、一九九一年
辻悟「境界性パーソナリティ障害」『こころの科学』第二八号、日本評論社、一九八九年

7章　多重人格障害（MPD）の治療における　ロールレタリングの役割

一　治療的適応

二〇〇〇年五月、安克昌先生（多重人格障害学会会長、神戸大学）に小論を贈り、ご指導をお願いしたところ、先生から次のようなお手紙を賜った。

「大変興味深く拝見いたしました。ロールレタリングは一つの人格の多面性を生かした治療法ですから、考えてみれば、多重人格にもぴったりの方法ですね。実は知らず知らず私も多重人格の人に似たようなアプローチを試みていました。それが、もっと整理された形で、先生が実践されていることを知り、心強く思いました。私も先生の方法を試みてみたいと思います。何かの形で、事例報告を拝見できれば、とても勉強になりますので、今後ともよろしくお願い申し上げます。多重人格の臨床に関する意見を後日別送します」

そこで鶴首していたところ、その後、先生は病床につかれ、逝去されたとの連絡をご遺族からうけ、絶句し、深甚よりご冥福をお祈りした。ロールレタリングによる多重人格の効果的な臨床が実証され、先生のご仏前に報告できることを念願している。

多重人格（ＭＰＤ）の治療は、アメリカでは催眠療法が施されたり、また「自己記述法」で、ＡＤＨＤを治すと報告され、多重人格の治療に役割理論によって臨床されている事例もある。

ロールレタリングは役割理論と対象関係理論と自己記述法を共有しているので、筆者は、ロールレタリングによる境界性人格障害の臨床経験をふまえ、多重人格の治療にアプローチしている。その理由は、多重人格の診断基準は、「境界性人格障害の診断基準を満たすか、あるいはほぼ満たす」（Ross, C.）という点を重視するとともに、将来、日本の社会的病理からみて多重人格の増加が懸念され、早期発見、早期治療の大切さを痛感しているからである。ロールレタリングによる多重人格へのアプローチとして課題ロールレタリングについて言及しておきたい。

Ｊ・Ｗ・ペネベーカーは「対決することはトラウマ抑制の影響力を弱め、邪魔するトラウマを解消する」（『オープニング・アップ』北大路書房）と言っている。

筆者は、多重人格の治療として課題ロールレタリングによって恐怖、怒りを消退させることは、恐ろしい別人格を消退させ、それと決別することになると考える。別人格は、自分自身の脳から生じる幻覚、妄想による仮想人格にすぎないと考え、挑戦することを課題ロールレタリングのねらいとした。

筆者は、薬物療法や入院治療を主体とせず、在学、就労、社会生活をしながら治療し、どうしても必要なとき一時的に薬物療法の効果を期待する以外は、台弘博士による生活治療を理念としていきたい。その事例として、次の症例を紹介し参考に供したい。

二　例証

〈症例①〉

多重人格障害の疑いの患者が、思考・感情・行動を改変し、恐怖、不安を消退した事例

この患者（女性、三十六歳）は「怖い、こわい」という不安感情をもち、九カ月間に及ぶ治療過程のなかで、入院初期は統合失調症と診断されたが、そのあと「多重人格の疑い」と言われ、筆者が臨床依頼をうけたケースである。

患者が入院して九か月の期間に薬物療法、精神療法が行われてきたが、不安・恐怖の消退はみられなかったという。初回面接で、筆者に「先生の背後に白い建物がみえる」などと話した。「怖い、こわい」の不安感情が消えなかったその患者に、初回の臨床にあたってバウムテストを行った。初回面接でバウムテストを見たとき、大きな幹に三個の切り株が描かれていた。筆者に解釈を尋ねられたので、「自分を悩ます三人であろう」と答えたところ、患者は急に緊張した表情に変わった。そのあと患者から「次回の面接は遠慮したい」と要求があったとナースから連絡をうけた。

多重人格は思考・感情が敏感であるだけに筆者を敬遠したのであろうと考えた。

第二回面接でラポール形成のため趣味の話に入った。音楽が好きということで、クラシックでとくにモーツァルトを好む。ベートーベンも重厚でよいが、心の癒しとしてモーツァルトを鑑賞したいと話された。筆者は、はじめ音楽療法と香り療法も考えていただけに、モーツァルトをＣＤで鑑賞することを約束した。

第三回面接で「モーツァルトのフルートとハープのための協奏曲」などについて筆者に話してくれた。姉に感化されたという。モーツァルトのＣＤ二枚と軽音楽ＣＤ一枚を鑑賞した。次に軽音楽では患者がナースと組んで踊ったあと、ドラムを打つ仕草をしてリラックスして、次回の音楽鑑賞を期待したい旨を述べられた。

第四回面接のとき、筆者は「怖い、こわい」の悩みの有無を尋ねた。今も悩み、「怖い、こわい」人が侵入してくるとフトンの中に潜り込み、早く去るようにと悩む、という。入院して九カ月間悩みつづけているだけに、筆者としては、この恐怖をどうにかして解消しなければならないという強い思いで取り組んだのである。

筆者は「『怖い、こわい』人の年齢は？」「背格好は？」と尋ねたが明確な返事はない。さらに「怖い、こわい」人はどこから侵入してくるのか、そしてどこから逃げるのか、と尋ねたところ、病室の上窓を指さした。そして、「逃げる場所はベッドの下から。出現する時刻は夕方暗くなってからが多い」と訴えた。筆者はこの黒い怖い人と対決することを決め、イメージ脱感作と現実脱感作を図った。

筆者が「怖い人は実を言えば、あなたの脳の中から生じてくるのです」と話した瞬間、奇妙な顔をしたあと、「それは、脳からですか、心からですか」と尋ねられた。筆者は、「心からです。まさしくそのとおりです。あなたの脳からイメージとして生じた黒い人を恐れているのです。それで自分自身が、そのイメージを打ち消さなければならないのです」と説明すると、真剣な表情に変わった。そこで、筆者は、「その怖い人に向かって出て行け、これから入ってくるな、と叫び追い出してください」と話した。ところが患者は、「怖い人が復讐し、もっと恐ろしいことをすると思うとイヤです」と答えたので、「その人はあなたの脳から出ているだけです。出ていかないときは、ナースを呼んでください。必ず去って消えます。念ずれば通じます。あなたの脳から生じるのですから」と強く訴えた。同席していたナースにも筆者から、「怖い人を追い出すように応援するようお願いします」と話した。そして「怖い人と対決して追い出さないと、いつまでも悩み続けるのです」と訴えた。それから一カ月後、ナースから「怖い、こわい」という不安を訴えるのが減少してきたという。それからさらに一カ月後、「怖い人は消退した」という回答を得、退院した。退院後再発を懸念し、適時、訪問看護を六カ月間続けたが、「恐ろしい」妄想は生じなかったのである。基本人格と「怖い、こわい」別人格との直接対決による症例といえよう。怖い人格が消退し八カ月を過ぎ、平常な生活をしている。基本人格の脳から生じた恐いイメージの別人格と直接対決によるイメージ脱感作と現実脱感作の発想は、従来の精神療法と異なる発想と筆者は考えている。

〈症例②〉

いくつかの人格が現れた中学三年生の女子生徒に対して、その女子生徒の担任と養護教諭が連携して記録をとったり、手紙を書かせたりして、思考・感情・行動を記録し認知させ、記憶の糸をつなぎ、自分の症状を自覚させた症例。以下はＨ・Ｙ氏の治療経過の記録である。

概要

教室内で、授業に集中できなくなったり、友達とのコミュニケーションがとりづらくなったりという状況がつづく。身体的には、頭痛や眠くなるといった症状が見られた。

←

その結果、教室に居続けることが困難になり、保健室で過ごすことが多くなった。

←

保健室での対応を継続していく中で、前回話をしたことを覚えていないなどの症状が見られるようになってきた。

←

つまり、脳の中で何らかの作用が起こり、記憶が飛んでしまい、過去と現在が記憶の中で時間的につながらなくなっているのではないかと考えられた。

←

その後、担任が面接を繰り返す中で、次のような、明らかに性格や年齢が違う人格が交代しながらあらわれるようになってきた。

①大人びた話し方をする人格。担任のことは誰なのかわかっている。

②中学生の人格。普段、担任に接している基本人格。

③すごく明るくはしゃぐ人格。躁の状態。

その他、いくつかの人格がみられるが、申し訳ないが、詳しくは覚えていない。

人格が交代するときは、急に変わるのではなくて、短時間であるが頭の前の部分に痛みが走り、その後気を失ったような眠り方をする。そして、目を覚ます。そのとき、目つきが変わったり、表情が変わったりする。このことから人格が変わったということが判断できた。

担任と養護教諭は、いくつかの人格が現れるという意識を共有し、どのようなことを女子生徒と話したかを記録させたり、その女子生徒に、自ら他の人格に手紙を書かせるという手段をとった。その目的は二つあり、一つは「記憶をつなぐ」ということ、他は「自分が今どのような人格をもち、どのような考え方をし、どのような状況にあるのかを把握し認知させる」ということにあった。

〈記録をとったり手紙を書かせたりしたことの利点〉

手紙を書かせたり記録をとったりして、文字によってその女子生徒が話したことや考えたことを残していったことは、多重人格者の一番の不安である「記憶がつながらないことによって起こるコミュニケーション障害」の克服に少しは役に立ったのではないかと考えている。

←

①女子生徒の記憶の中のどのような体験が多重人格という症状を引き起こしているのかを把握することができ、担任や養護教諭がそのことを基に他の人格とも話をすることによって、人格と人格をつなぐという作業が可能になった。つまり、心の奥底に隠されている、多重人格障害を引き起こしている核心的な要因に、近づくことができたのではないかと推察している。

②基本人格以外の人格が出ているときにも、その人格に手紙を書かせたり、その人格と担任や養護教諭が話したことを記録することは、基本人格の他にどのような人格が脳の中に存在しているのかを基本人格に把握させ、その結果、女子生徒に安心感を持たせることができたものと思う。

③他の人格から他の人格に手紙を書かせることによって、人格同士の会話を進めることができるようになり、切断された時間の隙間（記憶の隙間）を少しではあるが埋めることができたものと考えられる。

←

このように手紙を書かせたり、記録をとったりして、文字に残していくという方法は、多重人格の患者にとって、自分の存在を意識したり、他の人格が現れているときは、「どのようなことが自分の身に起こっているのか」、「自分はなぜ不安になったり、記憶が飛んでいたりするのか」などの不安要因を整理し認知できるという利点があるのではないだろうか。

多重人格の患者に自分の症状を客観的に認知させることは、患者に安心感を与え、治療に対する意欲を高めるために必要なことではないかと思う。

（文責H・Y）

H・Y氏と筆者は、ロールレタリングによるMPDの治療効果について、今後も研究をすすめていきたい。

この患者は入院もせず、薬物療法もせずに中学を卒業し、高校に進学できたのである。

〈症例③〉

奇妙な行動をする児童へのロールレタリング導入の症例

小学校養護教諭から「児童が突然犬の鳴き声を出し、騒然となり授業ができず、その対応に苦慮しているので、筆者に相談にのってほしい」という要請を受けた。学校に出向き、校長・養護教諭・担任教諭から状況報告をうけ、具体的対応について協議した。

そのあと、その児童と面会したが、表情も固く緊張気味で簡単な会話にとどめた。犬の鳴くような奇声を発する様子から推測すると、狐にとりつかれた憑依《ひょうい》のようにも思われた。

〈憑依多重人格のつながりについて〉

「憑依はやはり、人間界以外の超越的なものが必要で、悪魔にしろ、何にしろ、そういうものを出してこないと、階級を越えられないわけです。でも平等社会であれば、悪魔もだしてこなくてもよくて、あくまでも人間社会の中で解決しようとするものではないか」（安克昌）と述べられている。

この生徒にどのような診断がつけられるだろうか。本来なら、精神科の診断、治療が求められるであろう。しかし、学校当局としては、児童、保護者の心情、苦悩を察して学校に在学しつつ適切な指導によって、奇妙な問題行動を治してもらいたいという切なる願いが感じられた。そこで直面している課題に具体的にどう対応すべきかについて、筆者は学校スタッフの意見を傾聴したあと、次のような方法で臨んだ。

この奇声を発することの発症機序としては、精神的、身体的、性的虐待等による不安、恐怖、孤立、疲労、不眠等の仮説をたてて説明した。そして教師スタッフに次の項目に取り組んでもらいたいと提言した。

①精神安定のため、受容し寄り添う如く愛情で接し、信頼関係を築くことが大切であり、綿密な観察による養護を行う。

②生徒がどのような話をしたか、どのような声を出したかを記録し、精神的に安定しているとき、これを生徒と話し合い、生徒にもこれを記録させる。

③生徒が心情安定しているとき機会をみて「私から犬さんへ」と手紙を書かせる。吹き出しロールレタリング（マンガの本にある風船のような絵を書いて、その中に文章を書かせ、興味をもって手紙が書けるように工夫する）を書くようにする。

このねらいは、自分がどのような考えを持ち、どのような状態にあるかを把握し、認知を促すのである。機会をとらえて、多く書かせることが望ましい、と話した。

④「犬さんからあなたへ」のロールレタリングを書かせる。これを「私から犬さんへ」を多く書いた手紙を読んで、その返事を書かせる。これをマンガ調の吹き出しロールレタリングによって行う。このねらいは、生徒一人で自分と犬との双方の役割によって往復書簡を行う過程で、自分自身の姿が見えはじめ、奇妙な行動をとっていることに気づくことをねらいとする。

⑤児童は、不安、恐怖や欲求不満などが強いことが推測されるので、ロールレタリングによる自己カウンセリングを導入し、カタルシス作用を促す。「私から先生へ」「私からクラスの友達へ」「私からお母さん（お父さん）へ」など生徒が訴えたい対象人物を選んで書かせる。

⑥筆者は多重人格障害者に対してロールレタリングとあわせて保護者に愛情をもって患者に接する働きかけと、環境調整による効果を話し、学校側として積極的に保護者に介入し、生徒に愛情をもって取り組むよう訴えた。

⑦ロールレタリングノートは自己管理して、人に読ませないことを生徒と約束する。

⑧このロールレタリングの効果を測定するため、生徒の自我状態の分析を行うため、エゴグラム（東京大学方式）を説明し、理解を図った。これをロールレタリングを実施し三カ月後に再度エゴグラムを実施し、自我状態の変化の度合いを調べ、その効果について養護教師に説明し、ロールレタリングへの関心を高めるよう話し合う。

以上のことを提言した。

二〇〇六年五月、再度学校を訪問し、その経過について報告をうけた。

この生徒の主導的役割を果たしてきた養護教諭は四月に転勤されたので、直接、学校現場から電話で、六か月間の状況の概要を伺った。

「提示された主旨にそうよう努力した結果、犬の鳴きまねなど消退しました。『私から犬さんへ』のロールレタリングを書くよう説明したところ、『なぜ犬さんへ手紙を書くの』と怪訝そうな表情を示したので保留しました。ところが「私から先生へ」などの手紙を書いてよいですか、と訴えたので、そのロールレタリングも導入しました。ロールレタリングを書いているときは、自分自身をみつめているような表情や、思い込んでいるような行動も観察されたことが印象に残っています。ロールレタリングは自己管理して誰にも見せないことを約束しているので、誰も読んでいないでしょう」と話された。

「第二回目のエゴグラムを調査したところ自我状態の向上が見られたので、これを生徒に説明し、『このロールレタリングであなたは良くなったね』と賞めたところ喜び、関心を抱いたようです。お陰で生徒も落ち着きました」という回答だった。

次に担任教諭の報告書を紹介する。


〈実態〉昨年の一学期は、気持ちの動揺があると犬のまねをしたり、激しく泣いたりすることが度々であった。授業ができないことも少なくなかった。家庭に連絡し、六月中旬より保護者に授業中の様子を見に来てもらうようになり、少し改善が見られたが、まだときどき同様なことが続いた。養護教諭のすすめで、二学期途中よりロールレタリングに取り組んだ。その後、家庭も落ち着いてきた。心の動揺があっても、犬のまねをして教室から出たり、激しく泣くこともほとんどなくなった。

早期発見、早期治療によって奇異な精神症状が消退した。しかし、どんなに奇異な精神症状でも進行しないよう早期発見、早期治療の大切さを痛感したのである。

早期発見・早期治療の重要性

境界性人格、多重人格障害の治療開始の遅れから学校・家庭での生活の困難性や生命を脅かすような問題性を考えると、学校における児童・生徒や初等・中等少年院での早期発見、治療の大切さを強調したい。とくに家族が患者の行動変化を思春期の一時的な問題としたり、仕事や学校でのストレスなどのせいにしたり、教師指導の不適さに責任を転化したりして、学校担任は苦慮する。その生徒の異常行動に対して精神科診断をうけるよう強く訴えたが保護者は激怒して教師を門前払いしたりしたケースもある。そのためには多重人格障害などの診断基準に対して、養護教師や少年院技官・教官にも複雑怪奇な症状等に対して臨床研究が求められるであろう。

文部科学省は、初期から発見する治療戦略への重要性を理解すべきであろう。

（二〇〇六年）

三 多重人格障害（MPD）に対するケースワーク
――家族療法の必要性について

境界性人格障害（BPD）の治療にはケースワーク療法が大切であることをJ・F・マスターソンは強調している。筆者は、多重人格障害（MPD）の治療に対してもケースワーク療法・家族療法の大切さを痛感する。とくにMPDは、親子関係における対人交流の不調による不安、夫婦間のトラブルによる家族機能不全・家庭崩壊や人間性の喪失から生じる、とされている。

やや論点からそれるが、『赤いカナリアの探求』（ティム・バークヘッド、新思索社）に出てくる話では、赤いカナリアを作るには、単に遺伝子だけではなく環境という要素も必要だったのだが、残念ながら二人は最後まで後者に気づくことがなかった。これは二〇世紀前半のドイツを舞台に人工的に赤いカナリアを作り出すことに情熱を燃やす二人の人物についての実話である。それは、同時代に吹き荒れたナチスの優生思想の狂気とも無関係ではない。さらにいえば、単に遺伝子という内的要因だけではなく、環境という外的条件、つまり、内的な因だけでなく外的な縁を伴って新たな果を創生していくという生命の不可思議さを傍証してくれると論じている。

多重人格の治療においても、その多重人格を包む内的要因にとどまらず環境という外的な要因によってあらたな果を生み出すためには、ケースワーク療法・家族療法により人格と外的因子との縁づくりが極めて大切であることが痛感されるのである。

オレンジ色のカナリアから赤いカナリアへの探求という話は、まさしく家族療法、さらには環境調整などによって生ずる治療効果に通じるものといえよう。心理療法において治療者は患者本人のみに焦点をあてることが多い。ＭＰＤの治療においては、内因とともにもっと外因との関係性を重視することの大切さを痛感する。

そもそも、患者の心の病は個人の問題だけに留まるものではない。患者は自己の問題性を反省し、軌道修正に向かおうとした矢先に、家族との関係が新たな原因となって発病に至る、といった臨床事例も少なくない。患者とその家族との関係改善をはかることで病者が結果的に癒されるのが家族療法の基本的考えである。家族療法では、直線的な因果関係に基づいて犯人探しをしない。それは本質的な問題の解決にはならないと考える。誰に責任があるのかを問わない。家族システムの中で起こる問題の原因は簡単にわかるものではない。治療的に難渋する問題は直接、間接または周囲との関係によって発生するケースが少なくない。これを今ここで犯人さがしをすることは逆に心の傷を深めるだけである。家族療法では、各個人が対等の立場から問題を提起し治療者の介入によって家族メンバー間のコミュニケーションを深めることで、家族の機能を回復し問題を解決するという考え方を実践する。そのためには、他のメンバーに対して「意志の弱い性格だから」とか「わがまま勝手だから」といった発言は問題解決をかえって阻害する。

家族療法に参加する各個人が自分の心身の健康を回復するには、自分自身が主治医である、という考え方に徹することで問題解決の途は開かれる、と筆者は訴えたい。

（一九九二年）

四　多重人格障害（ＭＰＤ）の暗い影の考察

多重人格障害（ＭＰＤ）の臨床において「恐い、窓から忍び込んでくる」と訴えて、その恐怖を今も引きずっている患者、「あの人に殺されるかもしれない」と被害者意識に悩む人。「電車に飛び込みたい」と迫る別人格の出現を恐れ、リストカットする人。ＭＰＤに接すると、恐怖感におののき暗い影につきまとわれているような感じをうけることもある。

筆者は「加害女児両親の手記」（日本経済新聞、二〇〇六年六月一日付）の「娘の心の闇は信じられない」という記事が目に入ったので、これを引用させていただく。

娘が事件を起こす二、三日前、私は『チソン、愛してるよ』という本の広告を見つけました。交通事故で顔と身体にひどい火傷《やけど》と障害を負った韓国の女子大生が、最初は絶望していたけれども、やがてありのままの自分を見つめ、全身の障害と戦いながら前向きに生きるようになるまでを書いた手記だということでした。私が娘に内容を説明して「こんな本があるよ。すごいね。読んでみる？」と尋ねると、娘は興味を持った様子で、「読んでみたい」と言いましたので、私はすぐにこの本を注文しました。

事件の前夜、私が娘に「今日、本を発送したそうだよ。二、三日で届くよ。楽しみだね」と言いましたら、娘はにこにこして嬉《うれ》しそうに「うん」とうなづいていました。しかし、その翌日に、娘は事件を起こしてしまいました。

あのような本に興味を示して、私の話も素直に聞いていた娘の心の中に、恐ろしい考えが隠されていたとは、今でも信じられない気持ちです。（中略）最近では、面会のときに、自分がなぜあんなことをしたのだろうと考え込んだり、（被害者様の）お父さんは私のことをどう思っているだろうと言ったり、反省の言葉を自分から手紙に書いてくるようになり、（中略）

娘には、自分がしたことの重大さをよくかみしめさせ、親子で一緒に、一生懸命謝罪し続けていくつもりです。

筆者は、想像を絶する猟奇事件の背後には、まともな人間味のある基本人格とは異なる別の人格があるのではないだろうかと思いめぐらす。これは次の理由による。

フロイドによれば、「われわれの行動は理性や知覚などが支配している表層意識によるものと、本能や習慣などから成り立っている潜在意識によるものの二つがある」という。ユングによれば「この潜在意識には二通りある。個人の潜在意識と万人の共通の潜在意識である。われわれは、この共通の潜在意識によって互いに結びついていて、個人の潜在意識が多少なりとも共通の潜在意識の作用を受けている」というのである。

小学六年の女児が同じクラスメートを昼間に呼びつけ、いま目の前で言葉を交わしている友人の首を切るということは、万人の共通の潜在意識としては理解しがたいのである。まして事件の数日前に交通事故で絶望から立ち直った美談に共感するほどの温かい情感を抱く生徒が、奇想天外な血の気もよだつ行動に走るとは考えにくい。基本人格から解離した別人格の仕業によるものではないだろうか。女児は「殺したことは、自分自身も分からない。あんな恐ろしいことをしたことはわからない」と訴えている。

多重人格の診断基準の中に「記憶に欠如がある。頭の中に声がする。自己破壊的な行為」（ROSS・C・A、一九八九年）という項目がある。

多重人格の有力な仮説として、「学童期に逃れられない関係にある者から暴力・性虐待などの深刻な虐待を受けた子どもがいたとすれば、その子どもはそのことが自分にとって生きる上で、重大な障害と考える。しかし、その関係者にたよって生きていかねばならないので、そのジレンマと直面しないですむように、別の人格で守ろうとする。こうした一連の心理的なメカニズムが多重人格のきっかけになるのではないか」と言われている。筆者としては、この女児が多重人格なのか、強迫神経症なのか、憑依なのか、それとも他の人格障害なのか、軽々に論じることはできない。

筆者は、授業中に生徒が犬・猫の鳴きまねをして騒然となり、その対応に苦慮しているので相談に応じてほしい、との要請をうけた。このケースの社会病理の背景として、①離婚による義父母からの児童虐待の増加、②子ども同士による無邪気な自由な創造的な遊びの制約による共感性の欠如、③ケイタイ電話による感覚的・非現実的・仮想的なコミュニケーションの普及による直接対話の欠落、④

テレビ・ビデオ・パソコン等がもたらす個室での性的・享楽的な幻想に溺れ、性的・身体的虐待・弧立的・自己中心的・無規範的な人間性の喪失などが指摘されている。

これを示す一例が宮崎勤事件に象徴される解離性家族といわれ、事件の前から家庭は崩壊され、これが犯行の背景をなすものとしている（佐々木隆、作家、読売新聞、二〇〇六年一月十八日付）。

IT時代の到来の下、核家族・解離性家庭・離婚による義父母家庭での精神的・身体的・性的虐待の増加が懸念される。こうした傾向が今日の社会病理の渦の中で育つ幼児、児童、生徒の心情に暗い影を宿さないことを、筆者は心から願いたい。文部科学省による報告書（二〇〇五年）は、「家族関係などの経緯を探ると同時に、可能であれば初期から発見する治療戦略への転換が重要」と訴えている。

精神障害のなかでも、多重人格ほど長期にわたり不安・恐怖に脅える障害はない。そこに見られるリストカットや自殺念慮などは、他の障害で言われる不運・不幸をはるかに越えた状態で、これほど悲惨な病気はないと痛感せざるを得ない。この深刻な心の病への挑戦が筆者のライフワークとなったのである。

（二〇〇六年）

五　多重人格障害（MPD）はなぜ記憶が飛ぶのか

ある患者は筆者に「この買い物は買ったこともらった覚えもないのに、バッグの中になぜあるのか」とか「ハッと気づくと、なぜ、この場所に来たのか、自分はわからない」と不安を訴えた。MP

Dの診断基準の一つに「自分について過去のある部分（数時間〜数日間）が思い出せない」という。なぜ記憶が飛ぶのであろうか。筆者は次のような見解を述べたい。

海馬には個人的な記憶や無意識に深く傷ついたトラウマが記憶される。海馬は記憶の司令塔で貯蔵庫でもあるという。性的・身体的・精神的恐怖感を決して忘れられないほどのトラウマは海馬の貯蔵庫にインプットされ、自分の心身を防禦するための手段となるのであろう。

他方、いろいろと心情を悩ませる出来事の中にあっても、心身を脅かすほどではない軽度の悩みは、海馬の司令塔でこれは放置されても生命に別条ないと判断されると、貯蔵庫にはインプットされないのではなかろうか。

たとえばタバコ一箱を人に貸しても、生活に支障をきたさない。しかし、一〇〇万円を貸したことを忘却するような状態は経済生活を脅かすことから貯蔵庫に一生忘れがたい記憶として残る。

ある患者は朝、目を醒したところ枕を血で染めていたので母親を呼んだ。母親は、「あなたが昨夜、手首を切って夜中大騒ぎした」と激怒したという。この事件から患者と母親との関係が悪化したという。患者がリストカットを忘れることは、疾病損失といえよう。他方、患者自身がショックをうけるときは、トラウマは生命防禦として働く。むしろ「恐ろしい、こわい」と悩んで忘れられないのは、疾病利得になるのではなかろうか。そのため、なかなか手放すことができず、基本人格から解離する形で維持されるのであろう。これについて、脳科学による検証を期待したい。多重人格障害には、解離性健忘、解離性遁走、解離性知覚麻痺が報告されている。このような解離性同一性障害の治療としてロールレタリング療法を用いて対決→受容→統合をめざす精神療法とメタ認知行動療法が考えられる。

多重人格障害にはドクターショッピングするケースがみられるのはなぜだろうか。

多重人格障害には心身の不調を訴えて、診断、面接、治療を中断するケースが見られる。彼ら、あるいはこういう人々は頑固な不眠、対人関係不調による孤独化と劣悪な生活習慣、不規則な日課、食生活の乱れによる栄養障害・摂食障害など慢性的な心身の不調を訴えるのである。また、知的レベルも平均またはそれ以上の場合もあり、感覚も鋭いだけに、自己治癒できると独断的に考えて治療を中断する。また、他科を受診するなどドクターショッピングのケースもみられる。その間に自傷・他害や孤立化による不安、薬物依存・うつ病も見逃がせない。それだけに多重人格障害については早期発見・早期治療の必要性を重視し、長引く治療には、うつ病も視野に入れるべきであろう。

（二〇〇四年）

［引用・参考文献］

J・W・ペネベーカー著、余語真夫監訳『オープニングアップ――秘密の告白と心身の健康』北大路書房、二〇〇〇年
ティム・バークヘッド著、小山幸子訳『赤いカナリヤの探求――史上初の遺伝子操作秘話』新思索社、二〇〇六年

8章　いじめ・自殺防止のためのロールレタリング

学校現場において、生徒はいじめによる苦悩や敵意、反感、憎悪を告白することが容易でない。また、いじめの発生要因を感知するための心理技法や、これという具体策が見当たらないため、学校としても、いつも、一面的な対応に追われ苦慮しているという。

いじめ自殺の問題は教師・保護者側の視点からだけでは、把握や予知は困難で、犠牲者の遺書によって初めて悲惨な実態が露見されることからも、学校も家族も困窮しているのが現状といえよう。

このような教育現場では、「今まさに子どもたちの声を語らしめるような児童・生徒の心理学が求められている」という声が聞かれる（岩田純一京都教育大学教授）。

筆者は二十年前、教育現場に「ロールレタリング」を導入した。この心理技法によってメンタルヘルスや心の教育の可能性を見いだすことができ、ロールレタリングはいじめ問題解決への期待に応えられるアプローチだと確信している。ロールレタリングを実施するフォーマルな時間・場所を設け、教師の前で、いじめの被害者と加害者が内心にうっ積する苦悩や不安を率直に訴え合う。その結果として、自ら問題性に気づくとともに、相手の立場に立って、その気持ちを感じる共感性や、客観的・現実的吟味能力、さらには規範意識をも高めることをねらいとしたものである。

一　一人二役で相手の立場に立つ

ロールレタリングは、日本語では「役割交換書簡法」と訳される。その方法は、まず自分自身の思考・感情・行動を手紙（あるいは書面）で訴えることからはじめる。数日後に、今度は手紙を受け取った相手の立場に身を置いて返信する。つまり、一人二役を演じてのロールレタリングを行う。

ロールレタリングの手紙は、実際には他者に読まれることがないので何でも告白できる。初めは仮想現実的な文章であるが、往復書簡を重ねるにつれ、実際のいじめの現実へと向かう。その過程で、自分の問題性に気づく。仮想現実的なイメージはロールレタリングを重ねるにつれ、現実の脱感作をもたらし、いじめの防止に至るのである。この種の気づきは、精神療法では治療そのものといえよう。

ロールレタリングのねらいとして、具体的には、以下の七点が挙げられる。①カタルシス（自浄作用、②自己カウンセリング、③思考・感情・行動を文章化し記録することによる明確化、④対決と受容による自我の統合、⑤自己と他者双方からの視点の獲得、⑥ロールレタリングによるイメージ脱感作・現実脱感作、⑦非論理的・自己敗北的な思考・感情への気づき。

このうち、⑥はわかりにくいが、次のような例があげられよう。

ある少年は、長年、義父に敵意を抱き非行に走っていた。ところが、少年が義父との仮想の役割書簡をくり返すうち、義父へのイメージが次第に肯定的になり、義父を受容する文章も見られるようになった。これを機に、義父と実際に会い、対話を重ねると、これまでの憎しみが消え、義父に対する少年の態度が親和的なものに変わった。このように仮想的イメージ脱感作から現実脱感作へと変化していくのである。

二　学校でのいじめ防止には、クラス全員への実施が大切

昔のいじめは、一人か二人によるもので、しかもそれはオープンで一過性であったが、今日では、いじめる側がグループ化・潜在化している。さらに陰湿化し長期化しているため、その対策には、長期にわたる個別指導と学級集団づくりが必要である。そこで、学級内でのロールレタリングの実施方法について述べてみたい。

初めにクラス全員に対し、毎週一回、または道徳・ホームルームなどの時間に教室でロールレタリングを行う（もちろん、家庭に持ち帰って行ってもよい）。クラス全員が、いじめられる被害者の立場に立って、いじめの加害者に手紙で訴える。いじめられた経験のない生徒も、疑似体験を想像して書く。次に、全員が逆にいじめる側になって手紙に心情をつづる。いじめゼロの未経験者は、イメージで加

害者を疑似体験して手紙を書く。

ロールレタリングは、自己と他者との双方の立場から訴えるだけに、想像力を高める効果も期待される。

学校集団でロールレタリングを実践するにあたって大切な点は、生徒が安心して、ありのままを書けるように、守秘義務と信頼関係を保つこと、また、ロールレタリングの効果を性急に求めないことである。あくまでも生徒自身が問題点に気づくよう、非審判的・受容的態度で臨むことが肝心である。そのために教師はロールレタリングノートをていねいに保管する。実施の折りには、教師が直接ノートを生徒に手渡し、書き終えれば一斉に回収し、保管所に収納しカギをかける。守秘に徹するためである。

また、生徒のロールレタリングに対する反応を間接的に感知する目的で、ロールレタリングに対する感想文を適時提出させることもある。日ごろの行動観察と合わせ、必要に応じ個別面接を行う。これによって、ロールレタリングによる生徒の心の変化を知ることができる。

三　教師は心の病にも注意すべき

ある学校で、いじめ自殺が起き、その生徒の両親の嘆き悲しむ姿が新聞に載った。その記事を題材として別の学校で、次のようなロールレタリングを実施した。

題材は「私（母）から自殺したあなたへ」と「（自殺した）私からお母さんへ」という二つの手紙。クラスの生徒全員にこの往復書簡を書かせた。生徒の反応として、「『何がなんでも生きてほしかった』という親の悲痛な気持ちに胸がつまりペンが走らなくなった。いじめは犯罪だ。いじめた側が絶対悪い」という感想文が多かったという。いじめは絶対悪であるという正しい認識を与えるためにも、ロールレタリングは効果的といえる。

ロールレタリングと日常行動観察から見て、問題を抱えている生徒の場合、本人の承諾を得た上でロールレタリングノートを読み、それをもとに問題解決へのアプローチとしてカウンセリングを実施したり、関係者と話し合うことも可能になる。

この点に関して、次のような質問を受けたことがあった。「ロールレタリングは守秘を旨とすると言われるが、教師はロールレタリングを読まなければ、いじめ自殺を予知できない」と反論が出ることもある。

確かにそうである。筆者としては、教師が生徒のもつ問題や悩みの原因を理解するために、ロールレタリングの内容を知りたいときは、自己の責任と良心によって、生徒の同意を得なくとも読むことが許される、という暗黙の了解を得ているものと考えたい。

この場合、ロールレタリングのねらいは、いじめ防止であり、自殺防止であることを常に意識しておく必要がある。「角を矯めて牛を殺す」ようなことがあってはならないからである。

筆者はこれまで、いじめによって、うつ症状に罹っている者、自殺念慮に陥っている者など、さまざまなケースを見聞きしてきた。

ロールレタリング実施にあたって、教師は生徒に対し、ロールレタリングへの意欲を与えると同時に、いじめによる自殺のほかに、うつ病など、心の病への視点を欠かさないことが大切である。

ここでは、ある中学校においていじめ問題に関する具体的方策として実践した「ロールレタリングによるいじめ問題に関する指導要領」を紹介したい。

四　ロールレタリングによるいじめ問題に関する指導要領

1　ロールレタリングの導入

クラス全員に対し、毎週一回、道徳やホームルームの時間にロールレタリングを導入し、教室または自宅でノートに書く。

このノートは教師、親や他の誰にも見せない。自由に内心を表出させ、プライバシーを尊重する。ただし、生徒自身がこのロールレタリングの内容を知ってほしいと申し出た場合は、本人の了解を得て読むことができる。

2　いじめへの対応

原則として次のような対応をとる。

①信頼関係をつくる、②受容する、③内心にある思考・感情を自由に率直に表出するよう動機づける、④いじめに関する問題が表面化した場合、その解決に対しては、生徒による自己決定を尊重する。なお、援助してほしいという気持ちが感知されれば、具体策について話し合い、助言し、生徒自身による解決へと方向づける。生徒自身による問題解決が容易でない場合には、生徒の了解のもとに関係者（家族・教師・カウンセラー・医師など）の協力で、具体的な解決法を考える。⑤秘密を保持する。⑥ロールレタリングは、生徒の成績評価、内申書とまったく関係ないことを強調する。

3　教室でのロールレタリングの導入

①第一週目（初回）

・クラス全員に対し導入する。

・はじめにクラス全員が被害者になる。いじめられる立場に立って、加害者である相手に対し訴える。いじめられていない生徒も、いじめられた経験のある生徒も含めて全員が、いじめられた立場になって書く。

②第二週目（二回目）

・今度は全員がいじめる側にまわり、前回書いた手紙に返事を書く。いじめた生徒も、いじめられた生徒も、いじめられた経験のない生徒も、全員がいじめられる立場になって、いじめられた相手に書く。いじめの被害者と加害者の役割を交替し継続して行う。

③いじめ問題の状況に応じて、たとえば、次のような課題ロールレタリングのテーマを設定する。
・「人をいじめるような卑怯な人間にはならない」
・「いじめられても、死ぬような弱虫な人間ではない」
・「いじめられて死ぬくらいなら、死ぬ気持ちで相手と対決する」
・「いじめられて死を選ぶほど辛いなら、学校を休むか、やめるか、または他所に引っ越すなどの手段をとる」
・「今は死ぬほど辛いが、必ず希望が見えてくる。朝の来ない夜はない」
・「死んだら、親や肉親も嘆き悲しみ、生きる希望を失う自殺は親を死に追い込むことにもなる」
④情動的洞察を図るため課題ロールレタリングを導入する。
たとえば「クラスでいじめられ自殺した友人へ」をクラス全員に書かせる。
次に「私（死者）からクラスのみなさんへ」と返信を書かせる。
⑤自己覚知を図るための課題ロールレタリング
・私の出生について（私⟷母親）
・私の名前について（私⟷父親）
・私の身体について（私⟷自分の身体）
・私の夢と希望
・十年後の私（私→親）、三十年後の私（私→自分の子ども）

⑥「ロールレタリングを書いて考えたこと」の感想文を定期的に教師に提出させる。

この感想文により、ロールレタリングによる反応を考察する。現在、いじめられて苦悩していることが推察された場合には面接を実施し、前述の面接要領によって、いじめ問題の解決に取り組む。

⑦ロールレタリングによるいじめを防止するためには、三カ月間（一学期）を一区分として、「いじめ問題」を課題として実施する。年間を通じて感情移入的理解を深め、共感性を高める教育が必要であり、継続性が要求される。

4　目的意識の明確化

ロールレタリング導入にあたって、まず児童・生徒に対し、目的意識を明確化することが大切である。

5　ロールレタリングの指導例

〈事例〉

「学級目標：なかよく助け合い、いじめや差別のない、明るく楽しいクラスを自らの力で築きあげよう」

先生：最近、ある中学校などでは、いじめや差別があって社会問題となっています。なかには、いじめによる自殺という悲惨な事態に追い込まれた人もいます。クラスから、このような人がでないよう、クラス全員で力を合わせ、明るく、楽しい生活をするために、この目標が生まれたのです。それでは、いじめや差別のない明るい学級集団を自分たちの力で築くには、どうしたらよいのでしょうか。学級目標としてこれは大変重要で、この目標を達成したいというクラスの熱意が感じられるので、みなさんの意見を聴きたいのです。

A君：みんなで、いじめや差別を見聞きしたら、先生に伝えます。

Bさん：クラス集会を定期的に開いて、いじめや差別があるのか、ないのかを話し合い、お互いに注意したり、助け合ったらよいと思います。

C君：いじめる人も悪いが、いじめられる人も問題があるので、お互いに反省することが大切だと思います。

先生：昨年も、学級目標として「みんなで、いじめや差別がないよう、努力しましょう」とみんなで決めましたが、いじめられて登校しない人もいました。また、いま、A、B、C、の三人が発言したのと同じような意見をとりあげて、学級目標として取り組みましたが、楽しく明るい学級が実現しなかったことは、みなさんがいちばん知っているはずです。

今度こそ、学級目標がほんとうに実現できる具体的な方法を、昨年の反省をふまえて発言してください。

生徒：……（沈黙がつづく）

先生：では先生が、いじめや差別をなくす、もっとも効果のある方法を学んできましたので、みなさんに教えましょう。これは、ロールレタリングという技法で、ローレと略して呼ばれることもあります。

生徒：先生、その方法は、私たちの力でできるのでしょうか。むずかしい感じをうけますが……。

先生：作文・日記や手紙を書ける小学四年以上の学力があれば、誰でもできるものです。

生徒：ほんとうですか。

先生：このロールレタリングを書く上でもっとも大切なことは、このクラスからいじめや差別をなくそうという熱意と努力で決まるということです。他の学校でも、いじめや差別をなくすため、このロールレタリングによってすぐれた実績をあげているのです。明るく楽しい学級を築くため、努力しましょう。

6　ロールレタリングのやり方

次に、ロールレタリングのやり方について説明しましょう。

ロールレタリングは、役割交換書簡法と呼ばれるように、自分自身が自分の役割と相手の立場になって二人の役割を演じます。そして、お互いに相手に手紙で訴えるのです。（「空椅子の技法」を具体的に演じて理解を図る。）

このロールレタリングの回数を重ねていくにつれて、被害者（いじめられる子）と、加害者（いじめっ子）の考えや気持ちを徐々に想像し、思考をめぐらして手紙を書く。回数を重ねていくと、どうなるでしょうか。
①胸の内にあるイライラや不快感を自由に訴え、気分を発散させることができます。
②自分と相手の立場になり、双方から手紙で訴え合うことにより、自分の気持ちが冷静に見えてきます。
③いじめられた、差別された相手の悩みや苦しみを感じ、思い、考え、相手の気持ちを分かち合う、感受性の豊かな人になることができます。
④いじめられない、いじめない知恵を身につける人になることができます。
⑤ロールレタリングに真剣に取り組むことにより自分自身を変え、大きく成長していくことができます。

これがロールレタリングの目的なのです。

相手の立場や身になって想像し、思考し、文書化し、認知し、感性を豊かにすることの大切さが、いまほど問われている時代はないといえましょう。これまで、よく親や先生から、「相手の身になって、よく考えなさい。相手の立場になって思いやる心をもちなさい」と誰もが説教された経験をもっていますが、その具体的教育方法は見出せず、ただ説教にとどまっています。ロールレタリングは、相手の身になって考え感情移入的な理解を図り、自己洞察し、自己の問題性に気づく心理技法なのです。

ロールレタリングは自分を成長させ自己改善を図るもっとも簡便な方法であるので、熱心に取り組んでください。

五　ロールレタリング実施に際しての教師の態度

1　書く場の雰囲気づくり

ロールレタリングを書くためには、自分が主体となり客体となって自問自答し、受容・対決と心理的統合を図り、自己実現のための精神作業を行う場をつくる必要がある。したがって、ロールレタリング実施中は、話し合ったり、ふざけたり、みだりに席を離れることのないようにきびしい指導が必要である。

このような指導ができなければ、生徒がロールレタリングによって自己開示や自己洞察などをすることは期待できないであろう。たとえば、道徳の時間（五十分）に実施するとすれば、ロールレタリングを書く時間は各個人差によって異なり、中には二十分でロールレタリングを書き終わる生徒、また五十分でも時間が足らない生徒もいるだろう。仮に二十分で書き終わった者は、時間まで自分の机で静かに回想したり反省したり、宿題、予習をしたり、または寝てもよい。要は、絶対に人に迷惑をかけないようにすることである。

2　教師の基本的態度

生徒がロールレタリングを書く場合、まず教師がこのロールレタリングによって学習目標を達成するという熱意をもって臨むことが大切である。

ロールレタリングは、自己を開示する心理技法であり、ロールレタリングによって内心を率直に本心で自己開示できるように方向づけることが必要である。

その具体策として、次のような点に留意する必要がある。

①秘密を保持する

生徒のロールレタリングは生徒が了解しない限り、両親にも誰にも見せないことを生徒に理解、納得させることが大切である。では、担当教師はどうすべきか、という問題が生じる。

ロールレタリング内容を通じて、生徒一人ひとりの思考、感情などの動きを理解し、いじめや自殺に走らない生徒の育成と保護を図ることが担当教師の責任であり良心であることから、ロールレタリングを読むことは暗黙の了解を得たものと考えている。たとえば、もしロールレタリングに「あす死ぬ」などと訴えた場合、緊急に対応する責任があるからである。いじめによる自殺という最悪な人権侵害、いや生命喪失から生徒を守るためには、担当教師としては、ロールレタリングを読むことは許されよう。角を矯めて牛を殺すことがないようにしなければならない。

しかし、これを生徒にあえて述べる必要はない。ここで注意すべきことは、担当教師がロールレタリングを読んでいるという疑いや印象を与えないため、ロールレタリングには一切、添削指導を行わない。ロールレタリング内容を話題としてとりあげない。そして、クラス生徒の秘密を保持することである。

②ロールレタリングは成績評価、内申書等に一切関係ないことを生徒に告示する

ロールレタリングが成績評価に直接作用することになると、ロールレタリングに本心で訴えることに躊躇し、ロールレタリングは形骸化してしまい、自己開示する勇気も生じなくなる。とくに中学三年生になれば、高校進学にかかわる成績や内申書などを意識し、ロールレタリングに本心を率直に自己開示することは期待できないであろう。

③教師は生徒のロールレタリング内容をすべて受容しよう

ロールレタリング内容に、ある少年は「義父が家に入ってから自分は非行に走った。義父が私を少年院に入れたも同然だ。義父を殺したい気持ち」と書いてあった。これを見た担任は、ロールレタリングをこれ以上続けると、義父をほんとうに殺すかもしれないと考え、その危険と不安からロールレタリングを中止したという。ロールレタリングに書いている「義父を殺したい」という敵意、憎悪も受容しなければならないであろうか、という担任からの相談を受けた。

ロールレタリングは、本人の内心を自由に率直に訴える。たとえば、教師批判であろうと何を書いても自由であり、欲求不満の発散の場であり、受容されるという保障を与えることが大切である。その少年はロールレタリングに本心を訴え、これに対し義父の立場からこれに反論し、双方から訴えあう過程で受容→対決→妥協し、心理的統合に至るという精神作業が行われる場であり、担任の先生にはロールレタリングを中止する必要はないと回答したことがある。

④ロールレタリング導入と展開上の留意点

生徒指導にあたる一般の学校教師の心理について述べてみたい。

「生徒に学力を身につけさせたい」「偏差値を向上させ希望の学校へ進学させたい」「社会や親、教師の期待にそえるような人物に育てあげたい」という熱意や使命感を抱く教師の態度は高く評価されるべきであろう。

しかし、ロールレタリングによる心理療法を適用して人格形成の向上を図るためには、一般の教科・職業指導にあたる接し方とは異なる態度が求められる。つまり、「指導する人」「指導される人」という二分法的、対立的関係ではなく、非審判的、受容的態度でのぞみたいのである。

一般学校や施設等での生徒指導にあたる教師のなかには、次のようなことが懸念されることがある。

・自分の思うとおりに生徒が動かないと焦りが生じ、不安な心情に陥る。

・ロールレタリング目標に生徒の反応がみられないと、いらだちがみられ、相手を説教するか、あるいは逆に自分を責め、ときには自己嫌悪に陥ることもある。ロールレタリングという心理技法を適用する場合は、次の点に留意したい。

・「相手を変えることはできない」「過去を変えることはできない」「自分自身を変えるしかない」。ロールレタリング実施上、相手の行動を変えようとあせることは望ましくない。ロールレタリングに期待するようなことが何も書いてなくても、あせらない、間をもつ、待つ、支持・受容する、という態度が大切である。

ただし、ロールレタリングの内容に「自殺する。〇〇さん、さようなら」といった類の緊急な危機的場面があるときは、すぐに対応することは言うまでもない。

・ロールレタリング内容を評価しない、詮索しないという基本的態度で望むべきである。ロールレタリングによって自己成長を図ることは生徒自身の問題であることを理解しておく必要があり、ロールレタリング実施中に何を書いているのかなどと監視はせず、静かにロールレタリングが書けるように厳粛な雰囲気をかもすよう指導することが望ましい。

⑤ロールレタリングノートの取り扱い

ロールレタリングノートは教師が直接生徒に手渡し、受け取るという対応をとり、ノートの取り扱いについて厳重に対応することで生徒と教師との信頼感も生まれることを理解したい。

ロールレタリングのなかで自己開示し、ノートを預けることで信頼に応えることのできる教師か否かが試されている。

⑥生徒の向上を信じる

生徒自身、生来的に向上したい、評価されたい、認められたい、という欲求があり、ロールレタリングによって自ら変容するものであることを、無条件に信じる基本的態度が望まれる。

⑦ロールレタリングの期間

ロールレタリングによる「いじめ」を防止するためには、三カ月間（一学期）を一区分として、年間を通じて実施するのがよい。感性の教育は、持続性が大切であることを強調しておきたい。

六　ロールレタリングの効果

ある中学校におけるロールレタリングの実践をふまえて報告する。

①ロールレタリングによって内面的、対人的、個別的、共感的理解が可能である。

②学級集団における規範意識の向上が期待できる。

③生徒の自己カウンセリングと自己対決が図られる。五十分間のロールレタリングにより、クラス全員が自己カウンセリングを行い、ストレスの発散、カタルシス効果が期待される。

こうして個の成長が促される。自己受容して、はじめて他者受容が可能である。自己対決により傍観者もまたいじめる側の人間であることに気づき、自己の問題点を客観視することができるようになる。

④他の教師からのロールレタリングに対する評価

クラスの雰囲気に落ちつきが生じてきた。授業に対し、聞こうとする態度がみられる。発問などの際、騒がしくなるような場面であっても、他のクラスとは違い、授業を最後まで聞くという雰囲気が感じられるという教師の報告もある。

⑤クラス担任としてのロールレタリングに対する評価

ロールレタリングをやったからといって全般的に顕著に変化した点はない。しかし、少しずつ成長してきた生徒がいることは確かに認められる。ロールレタリングに熱心に取り組む生徒たちは、生活態度がよくなってきた。なお、ロールレタリングを行って生徒全員が向上することは期待できないが、その中の何人かがクラス集団の規範意識や、いじめのない雰囲気を高めることが期待される。

〈例1〉

クラスの全員が教師の意図する方向に動いてくれるものではないが、三学期になって、リーダー的な役割を嫌がらずにやる、あるいは口先だけでなく、行動しなければならないという意思がみられ、実際に行動してくれる者が現れてきた。これらの生徒が核となってクラスを支えてきた。なかなか全員がそのようにはならないが、教師としては、クラスを支え、クラスをよくしたいと願う生徒が中心となってきたことは評価できる。この生徒たちが集団づくりの核となることは間違いなく、そうした核づくりが、いじめのない風土づくりに作用したものと考えられる。

ロールレタリングを実践して、生徒たちが「いじめは悪である」という確固たる意識をもつと、リーダーと同様、クラスメンバーも成長するものと、理解をあらたにした。

〈例2〉

もともと責任感、正義感が強かった子どもでも、みんなの前では弱い立場の生徒を支えることに遠慮がちであった。しかし、三学期になって、これらの生徒を援助する具体的な言動（話し相手になる、一緒に遊ぶなど）が見られるようになった。その結果、長期不登校（一年間六日しか登校しなかった）で二学期まで休みがちであったK君が三学期は一日しか休まなかった。

また、K君に対し、思いやりの意識がみられた。学級文集では、クラス全員が寄せ書きしてK君にプレゼントするというアイデアが生徒たちから提案され、実行された。それに刺激をうけてK君は登校をはじめた。

〈例3〉

一年間ロールレタリングを実施して、いじめによる問題行動はなくなり、学校行事に対しても自分たち自身で計画や役割を決めて自主的に活動しようとする生徒たちが生まれ、リーダー性の向上がみられるようになった。

（一九九五年）

〔引用・参考文献〕

杉田峰康監修、春口徳雄著『ロール・レタリング入門』創元社、二〇〇一年

杉田峰康監修、春口徳雄編著『ロール・レタリングの理論と実際――役割交換書簡法』チーム医療、一九九五年

9章　引きこもる、キレる心理と告白の効果

はじめに

最近、児童・生徒の引きこもり、不登校、キレることとの心理がわからない、と親や教師から質問をうける。中高生のなかには、うつ病や統合失調症などが隠されている場合も稀にあり、別の要因が内在したり、またなかには薬物依存症のケースがみられることもある。とくに「不登校」は、何らかの心理的、情緒的、身体的あるいは社会的要因、背景により児童が登校しない、あるいは、したくてもできない状況にある。ただし、病気や経済的理由によるものを除くと定義されている。

以下、A子の症例によってその心理について考察したい。

家族構成

父・母ともに健在。長女小学六年。次女A子小学三年。

母親は実家の仕事の手伝いとして働いている。父親は子どもにきびしいが夫婦仲は普通。

引きこもりの経緯

A子は、急に「先生を嫌い」と母親に訴えて登校しなくなり、仲よし友達宅に引きこもる。双方の母親が、なだめすかしても、頑なに登校を拒否し、家にも帰らず一週間がたった。不登校が長期化すればどうなるだろうかと不安になった母親が、その対応に悩んだ末、相談にみえた。

面接内容

父親は多忙で、帰宅も遅く、食事後疲れてすぐ寝るという生活をしており、ときには、A子を怒鳴ることがあるという。長女は母親にいまでも添い寝するほど甘えているが、A子にはそうした素振りはみられない。母親は実家の仕事の手伝いのため留守がちである。長女が五歳ごろ病気になったため、二―三歳時のA子を祖父母の家に一時引き取ってもらった。こうした話を母親は一時間にわたり切々と訴えた。筆者は家族の背景をイメージしつつ母親の話を傾聴したあと、理解できない箇所を明確化し、A子がこのような選択をするに及んだのは、幼少時から現在までの親への愛情欲求が充分に満たされなかったことによるものと推測した。子どもの愛着欲求の対象は必ずしも母親にかぎられていない。父、祖父母、教師など高い応答力をもった人物によっても満たすことができるのである。

コメント

愛着欲求が十分に満たされずに育ったA子は、これまで担任教師とふれあいを楽しみに登校し、心の癒しになっていたが、その教師から叱責をうけ、その後親しく接近するのを敬遠したことが不登校の発端になったものと憶測される。彼女は母親に心の癒しを求めたものの、母親は留守がち、父親は叱る、長女は昼は友人と遊び、夜は母親を添い寝で独占するといった家庭の中でまったく孤立している。家庭でも学校でも対話もなければ訴える相手もなく、いわば精神的な酸欠状態となり、友人宅に引きこもる結果になったのであろう。この手段を選ばざるをえなかったことは、子供には辛い選択であったに違いない。「不登校の子どもには母港がない。彼らには安心していられる場、ありのままの自分でいられる場、親にしっかりと愛されていることが必要なのである」と言われている。そこで、母親に対して次のようにコメントをした。

「当分の間、実家でのアルバイトは遠慮してA子さんと一緒に風呂に入る。これまでの長女との添い寝をやめてA子さんと添い寝する。さらに、A子さんが興味を引くような家事は極力手伝わせる。父親はA子さんを怒鳴ることをやめ、やさしく注意するようにする。暇なときには子どもと遊ぶこと」

これに対して母親から、「どのくらいの期間、この方法を実行したらよいでしょうか」と問われたので、「A子さんが『もう添い寝はいや』と敬遠するまで、お母さんは辛抱強く優しくふれあうことが望ましいのでは」と話しあった。また、長女には添い寝をA子に切り変えることを納得させるようにすすめた。さらに幼少時に愛情の欠如している子どもには接触欲求を満たしてあげる。成長過程の子どもには、父性と母性のバランスがとれた愛情を与えることが大切であると話した。

このA子のように親や保護者が引きこもりや不登校の事象だけに気をとられると、子どもの全体像や心のバランスの在り方が見えなくなる。「甘えだ」「わがままだ」「姉ちゃんに比べてお利口でない」と叱って無理に登校させようとする。また、「なぜ先生を嫌いになったのだろうか。先生はもっと子どもの気持ちを理解して優しく接してもらいたい」と教師非難にかわる。なぜ、担任の先生に叱られたのであろうか。隣の席の子どもにイタズラして相手を困らせたり、先生から見て学習意欲を欠き隣の子に話しかけたりしたからではなかろうか。教室でいらだちやすく、勉強にすぐあきる子どもは、心身の不調や基本的安定感の欠如などによることも考えられる。こうした心理を解明するために「ルビンの壺」の地と図を紹介して、ゲシュタルト心理学から説明したい（図1）。

図1　「ルビンの壺」

この図形を冷静によくみると、双方から、にらみあった顔の姿（図）と優勝カップをした影

（地）の二つが見える。

「腹（図）がへったら食（地）べる。食べすぎたら控える」ということは、健康的なパーソナリティーである。摂食障害を例にとれば、「やせることはスマートで美しい」という考えにとらわれ空腹になっても食べない。こうした状態を続けていると、やがて空腹感と満腹感の感覚が麻痺して絶食状態に至る。しかし体があまりにもやせすぎると心配や不安になる。それで、今度は少し食べる。すると、今度は飢餓状態にあった体の方がブレーキがきかなくなり、最後は食べ過ぎて喉に指を突っ込んで吐いてしまう。この繰り返しが摂食障害の症状であることを臨床を通じて見聞してきた。

「健康な精神を取り戻すには、どうすればよいのか。まず、図の持つ意味を知ろう。不登校児の腹痛は、心のバランスを保つために、私の悩みをとりあげて欲しいというサインなのだ。心身症の諸症状も、人間らしく生きるために、何かの変化を起こして欲しい、という自分へのメッセージと言えよう」（杉田峰康先生）という。A子のケースでは幼児の愛情欲求の欠如を取り戻すために親とのふれあいを密接にする方法として「一緒に入浴、添い寝、興味を抱く手伝いを一緒にする」ことを実践した。自然発生的に、話す、聴く、訴えることによる愛着行動を予測し、期待したのである。

具体的には母子が一緒に入浴したとき、娘は熱いと訴える。そこで水をほどよく入れて母親と話し合う。添い寝すると、冷たいと文句を言う。すると母は娘を抱いてやる、など母子の対話が進むように方向づけたのである。子供は「言えないからひきこもる」（本城秀次名古屋大学医学部教授）という。「無視されたからキレた」「制止されたから逆ギレした」などから「言えないからキレる」ことも考えられる。

A子と母親、父親との親和的交流が一カ月続いた後、母親から彼岸の日に「娘と一緒にぼた餅をつくりました」と知らせをうけた。一カ月後にはPTA総会に出席して、「A子の授業参観をみて安心しました」という電話をうけた。筆者は母親に「手放しで楽観せず、当分、愛着行動を続けてください。また、引きこもりが再発したときにはお伝えください」と告げ、A子さんの成長のため焦らず、自然なふれあいを通じて、乳児の愛情欲求、幼児の接触欲、児童の承認や自律欲求が満たされるというふうに、心の教育には手間ひまがかかることも話しあった。

考察

「話さない。訴えないことから引きこもる」という状況は、A子にとっては欲求や思考・感情を誰にも訴えることができず、学校や家庭においても孤立して愛の酸欠状態となり、その息苦しさから逃れるために友人宅に引きこもる手段をとらざるをえなかったものと推察された。「人間の心も自己と環境との相互作用の完結（図地反転）をめざしている。しかし今日の子どもを巡る環境は、酸素の欠乏に似たような状態ではなかろうか」（杉田峰康先生）。

筆者は、アルコール・薬物依存症患者に対しては、精神療法と併用して、本例に示すように家族と患者には、ケースワーク療法を行うことも重視し、自己と環境との相互作用による完結をめざしたのである。

ジェームス・F・マスターソンは、この種のケースワークの併用の目的について、「自分たちの家庭を秩序だてることにある。つまり、安定した自己表象として両親を知覚することである。両親に対する理想化と自分なりの方法で両親に対応し、しがみつきや盲従をあきらめ、自己適応へのガイドとして自己表現を用いる。自分の欲求と、両親およびまわりの人の欲求とを区別し、自己主張することで自分自身を支え、自分自身の目標を追及する能力を確立することである」と精神療法とあわせてケースワーク療法の重要性を強調している。

次に「言えないから引きこもる」という心理に着目し、第三回ロールレタリング研究大会で、犬山市立楽田小学校では引きこもり、不登校児に対してロールレタリング（役割交換書簡法）を適用しているケースが発表されている。

「登校拒否傾向のある児童と自己主張の強い児童との比較研究」（塚田厚弥教諭）

また、大野城市立五陵中学校では「学校で腹がたつような思いや怒り、悔しい感情が生じても、それに対応できなかった出来事を相手に手紙方式で内心を訴えつづけて、カタルシス作用を図り、引きこもり、不登校を予防する」ことを実践した「他者との関わりを深めていく生徒を育てる援助の一方法――ロールレタリングの工夫を通じて」（岡本泰弘教諭）が発表されている。

アメリカでは「心の奥底にある個人的な経験を告白するときには、脳波パターンや皮膚電気伝達水準、あるいは解放状態に関連する顕在的な行動にすぐさま変化が生じます。告白した後には血圧や心拍は著しく低下し、免疫機能は向上します。数週間後もしくは数カ月後に人々の身体的健康と心理的健康が改善します」（J・W・ペネベーカー）という研究報告もあり、私どもはこれを重視している。

おわりに

引きこもり、不登校、キレることから解放されるための一つの方法として、「話す。訴える。内心を告白する」方法は注目すべきであろう。

不登校・引きこもりがはじまると、人並みに学校に行かないことによる苦しさから自己否定的なイメージ（不満・弱気・うらみ・すねる・むなしさ・淋しさなど）が徐々に生じはじめ、引きこもりが長期化することが懸念される。

A子の事例は、引きこもりと不登校のごく初期の段階であっただけに事なきをえた感じをうける。一時的な、すねたケースとしての引きこもりととらえられるかもしれない。しかし、本城秀次教授の「言えないから引きこもる」という言葉によって、あらためてこの種の扱い方を認識させられたのである。

昔から言われているが、アルコール・薬物依存症・非行などの社会不適応行動の病理の背景として、そもそも家庭における親と子との本来あるべきルールや躾などが欠けていることを痛感する。本事例に示されたように、乳児、幼児、児童などの各発達段階での歪みがみられるのである。

若い青年が、中学時代から酒を飲み、入院しては整髪液（ヘアトニック）を飲むという行為は、健全な育成が図られるべき家庭の機能不全によるものといえる。

本事例のように、いわば一過性の引きこもりの場合は、引きこもる子どもへの母親の対応として、具体的に愛着欲求を満たす指導を行うことで不登校の改善が見られた。これはカウンセリングなどの個別精神療法ではなく、ケースワーク療法としてのアプローチであった。

筆者の臨床経験からしても、アルコール・薬物依存症患者が回復への道を歩んでいるケースにおいても、個別カウンセリングと併用して患者本人と家族が家族酒害教室と断酒会に積極的に参加することで、断酒継続が極めて効果的であることを実感している。次に、家族の患者への従来の対応を変えることによって行動変容がみられることが多い。アルコール依存症は家族の病気といわれている。これまで酒害・薬害によって家族のイライラ、怒り、落ち込み、不信など否定的感情に包まれていたが、家族酒害教室・自助グループ（断酒会・AAなど）に参加して家族自身が本来の問題性に気づくとき、家族の機能不全が徐々に回復されるにつれ断酒・断薬の効果がみられるようになる。

少年院においても、保護者会や家族療法を強力に推進して保護者の行動変容への方向づけを行うことも必要であろう。少年が矯正教育によって心の汚染を払拭できたとしても、家族との問題が残されたままで家庭復帰すれば、また心が汚染されることが懸念される。ケースワーク療法は、少年の社会復帰のための環境調整と家族の態度変容への気づきを促す大切な家族ケアーの機能を持つものと言える。ある中学校長が、学校カウンセラーも大切だが、ケースワーカーの導入も大切であると強く訴えられた言葉が印象に残っている。

最近、「いきなり非行」という言葉が聞かれる。いきなり非行といえども、毎日の家庭の日常生活の過程で、人間関係のルールやしつけの欠如が長年にわたって徐々に醸成されてきたものである。「いきなり非行」は氷山の一角が海面上に急に浮上しただけのことであり、海面下では家庭機能不全という大きな氷塊が沈んでいるのである。精神病（心因反応、統合失調症、非定型精神病など）も、ほとんどの場合、「いきなり」発症するものではない。少しずつ症状がでてきているのに、初めは病気かどうかがわからず、そのうち症状として現われるのである。このことは臨床事例からも理解される。

（二〇〇三年）

［引用・参考文献］

杉田峰康「心の交差点」読売新聞、二〇〇二年一〇月一三日付朝刊
本城秀次「登校拒否に伴う家庭内暴力の治療」『精神科治療学』四巻六号、一九八九年
増井武士『不登校児から見た世界――共に歩む人々のために』有斐閣選書、二〇〇二年
斎藤環『「引きこもり」救出マニュアル』ＰＨＰ研究所、二〇〇二年
Ｊ・Ｗ・ペネベーカー著、余語真夫監訳『オープニングアップ』北大路書房、二〇〇〇年、七一頁、七八頁
塚田厚弥「登校拒否傾向のある児童と自己主張の強い児童との比較研究――ロール・レタリングによるアプローチ」『交流分析研究』二七巻二号、金子書房、二〇〇二年
岡本泰弘「他者の関わりを深めていく生徒を育てる援助の一方途」『ロールレタリング学会研究発表抄録集』第三号、二〇〇二年
Ｊ・Ｆ・マスターソン著、作田勉他訳『青年期境界例の精神療法――その治療効果と時間的経過』星和書店、一九八二年

『精神科の症状と薬について』（久留米大学精神神経科学教室）一九九九年
春口徳雄「引きこもる、切れる心理と告白の効果」『刑政』一一四巻六号、二〇〇三年

10章　ロールレタリングとファミリー・ケースワークの併用
――窃盗を長期にくり返した少年の社会復帰の事例

D君は五歳のとき母親を亡くし、七歳のとき現在の母親を迎えました。小学四年生以来七年間、D君は家出・窃盗をくり返し、親は損害弁償に追われたため、家族は大変混乱した状態に陥りました。D君の窃盗はやまず、周囲からは非行の慢性化が懸念されるほど問題行動は止まず、やむなく少年院に入院する事態に至りました。

一　ロールレタリングの導入

D君に対して、義母⟷少年、実父⟷少年、さらに実父⟷義母のロールレタリングを、三カ月にわたり実施しました。

母からD君へ

「入院して手紙も出さず面会にも来ないのは、強い理由があるのです。あなたが入院してからというものは、うちの家庭はガタガタとくずれ大きな穴がポッカリとあいたような感じでした。その後何もする気がしなくて、仕事にも手がつけられないほどで、挫折してしまいました。

それからというものは、あなたの後始末の生活が始まりました。いったいどのくらいの被害をつくったのか、全然わからず、ただわかっている所だけを払う、といったような状態でした。わかっているところの被害弁償を払うにしても、一軒につき何十万も払わなければいけないのを聞き、がくぜんとしました。私達が一生懸命に働いても十数万そこらしかもらえないのを、どうやって払うのか、頭を毎日毎日、なやませていました。この気持ちがあなたには、わかりますか。あちこちから被害弁償の催促が来て、すぐ払うことができないから、少しの間待ってくださいと被害者の人に頭を下げてたのんでいることを、あなたは私達に対して、どう考えているのですか。

私はこのようなことをするあなたを、育てたおぼえはありません。私はあれほど、悪いことはするなと、口がすっぱくなるまで言っていたのを、あなたは心から聞いていなかったから、このようなことになったのです。だから少年院にいる間、私達が足らなかった分と、あなたの足らなかった分を、少年院の先生から、いろいろと、おそわってきなさい。

そしてまともな人間として帰ってきなさい。それを私達は願っています。あなたから手紙が届きますし、今のあなたの状態がわかりますが、まだあなたの親に対しての考えがあまく感じとれます。手紙に書いたとおり、まともな、あなたになってくれたら、何も言うことはないのです。しかしまた同じようなことをするのではないだろうかと、すぐ考えこんでしまうのです。だからまだ信用は全然していません。そして私があなたに手紙を出さないのは、あなたがどれだけ考えが私たちに対して変わってくるだろうかと考えているため、私はあなたに手紙を出さないのです。

しかし、書こうとおもったら、いくらでも書けるのです。でもこのようなことをしたらあなたには何もならないし、かえって水の泡になってしまうかもしれないと思ったからわざと手紙を出さないのです。

手紙を出したから、いつかこないだろうかと、そのような考えをもっていては、何にもならないでしょう。そのような考えを持っていては、あなたは立ち直ることができません。だから親の手紙をあてにせず、自分から手紙を多く出すようにしなさい。そのうちにあなたの考えが変わってきたら、私の方からも手紙を出すようにします。それまでの間は、あなたの考えをみています。それで、わざと面会にもこないのです。もしも、しょっちゅう面会に来ていたら、あなたは自分の問題点を真剣に改めることができないかもしれないから、私はそこのところを考えているのです。あなたは、先月はあまり手紙を出していなかったけど、先月は、いったい何していたのですか。私が手紙を出さないから、それに対して反発して、手紙を出さないのだろうと考えたりしました。でも私が手紙を出さないから、あなたも出さないという考えはよしなさい。そして、もう少し多く出すようにしなさい。

そして損害弁償のことや、その後のことを知らせないのは、はじめに、あなたに自分の問題点に集中して取り組んでもらうために、そして、よけいな不安を与えないようにしているのです。

あなた一人のためにどれだけ心配や迷惑をかけて、苦労している私たちに対して、どう理解しているだろうかと考えていて、あなたから届く手紙の内容がどのように変わっているだろうかと考えている私たちです。でもあなたの手紙は、すみませんでした、という言葉ばかり書いてあり、手紙では、そんなふうに書けるけど、本当に反省してるのかなと考えています。私としては、とてもいまのところは信用などできません。しかし、あなたが本当に反省して、まともな人間に前向きになっているということがわかったら、私は手紙を出したり、面会にくるつもりでいます。でも今のところは、あなたがどのように前のあなたと違ってくるだろうかと、今のようすをみているのです。だから絶対面会などこないということはありません。そこのところは安心しなさい。そしてこちらの方はあまり心配せず、あなた自身の問題点を改めて、早く素直な人間になって帰ってきなさい。それまでの間私たちは、あなたの後始末をちゃんとやるつもりでいますから、あなたも少年院で一生懸命に努力しなさい。そして親のありがたみというものを、もう少し理解するように少年院で勉強してきなさい。これからまだ朝晩冷えこむから、体に気をつけて生活を送ってください。」

父親は時折、面会に来ていましたが、義母は在院中、一度も来ませんでした。入院して半年後、はじめて一通だけ手紙が来たので、それを筆者に見せてくれました。それには、母親としてこれまで九年間育ててきたものの、D君の家出・窃盗のため苦悩し、弁償金返済のためきびしい生活を強いられ、働く意欲も喪失し、死にたいほどであると書いてありました。また、D君に対して、絶対に窃盗するな、嘘はつくな、欲しいものがあってもがまんせよ、この三つをぜひ約束してくれ、と訴えていました。

次に、実父と義母の双方の視点から、自己を客観視するため、実父↔義母のロールレタリングを行いました。

父から母へ

「お母さんの考えでは、今度問題を起こしたら、もう引き取る考えはないといっていますが、口先だけで終わっていたDだから、本当に立ち直ってくれるだろうかと不安でならないと書いていたようですが、私の考えとしては、今度、問題を起こしたらどのような処置をとるか、自分でもわかりません。問題の大小によってはDと一緒に自殺するかもしれません。そこまで私は考えています。

しかしDと面会するたびに、少しずつ素直にもどっているようなDを感じとれます。だから多少信じる気持ちもあって、また不安な気持ちもあります。それでも私はDを引き取る気持ちです。それだけ父親でもあるから、それなりのことはしなければならないと考えています。

今までDの問題で、離婚まで考えた私でしたが、『今後、問題をおこしたら、お父さんは離婚を本当にするのではないだろうかと考えたりします』と書いてありましたが、今の私としては離婚はDの行動しだいと思っています。しかし離婚することは、子どもたちにも大きな影響を与えてしまうおそれがあるから、本当は離婚すべきではないと考えます。

今までDだけは、ほとんど私たちの問題には目を向けようとはしませんでした。やはりこういうことから、D自身あらたまることがなくて、また家庭もまとまることができなかったと私は思います。また、本人の過去にこだわらず、明るく生活していくことが、一番大事ではないだろうかと書かれてありましたが、本人にとって過去のことをぐずぐず言われることは、とても辛いのではないだろうかと思います。本人の過去をほじくり出して、いろいろ言っていたお母さんの言い方が、多少強すぎていた面があったので、そのようなことで私とケンカとなり、また離婚まで考えることになったのです。

このようなことから家庭を破滅に追いやることになるのです。だから今後、Dの過去のことは言わないことです。本人に対して過去のことを言わないことが、一番更生しやすく生活しやすいと思うので、これから明るく生活することだと思います。」

この手紙のなかで、父親は「問題の大小によってはDと一緒に自殺するかもしれません。そこまで私は考えています」と書いています。このロールレタリングのあと、D少年は「父は死ぬほど辛い立場にあると思います」と話しました。

そこで、「父からの遺書」を書くことにしたのです。

父からの遺書

「D、またどうして問題を起こしてくれたのか。あれほど少年院の先生方や親戚の人達やお母さんから口がすっぱくなるほど言ってくれていたのに、どうして真剣に受けとめてくれなかったのだ。もうこれ以上、耐えて生活することはできないから、自殺します。

もう生きる望みはなくなりました。仕事する気力もなくなりました。

今までのことをふり返ってみると、ほとんどが悪いことの後始末をする生活でおわってしまいました。そのようなことを考えると、今まで何のために生活をしてきたのだろうかと思うと、とてもくやしくてたまりません。何のために生きてきたのかと思うと、とてもなさけなく思えてなりません。

世の中の人達に迷惑をかけていれば、自然に死ななければいけなくなるのです。それをよく理解しているとしたなら、人様に迷惑かけることもないし、また自殺をしなくてもすむのです。しかし、迷惑をかけているから、それなりのことはしなければならないと思いました。人様に迷惑をかける人間がどうして生きておられるか。盗んだ本人は知らん顔をしておられるが、親の立場というものは、そのようなしらん顔をしてはおられないのです。

おわびに行って、弁償してこなければいけないことを、Dはいっしょに行って知っているはずだ。それを知っていたのに、どうしてまた同じようなことを、してしまったのだ。

もう私は生きていく力がなくなった。これ以上迷惑をかけるわけにはいかないから私は自殺します。迷惑をかけているのに、しらん顔をして生きていることはできません。他人様に申し訳がたちません。だから私は自殺する覚悟をきめたのです。」

その後の面接で、D君は「家族のことを、これほどまでに、真剣に考えさせられたことは、はじめてです。自分のため、両親は弁償の支払いのためひどい生活を強いられ、また自分のため親が世間からきびしい非難と白い目で見られて、苦悩していることがしみじみ感じられます」と話しました。

二　D君に対するケースワーク

いよいよ出院も間近に迫ってきました。

D君の入院に際して担当保護司から、彼の非行は、義母への敵意・欲求不満などが原因と考えられるので、在院中、この親と子の問題についてとくに指導してもらいたい、という要請をうけていました。この点で、私どもは、義母から一通だけきた手紙の中に、ウソはつくな、窃盗はするな、欲しいものがあっても我慢せよ、という誓約をせまる文章があったことに特に注目しました。

D君がこの誓約を守るような生活をしていくためには、前提として、D君の義母に対する敵意・憎悪などのイメージを脱感作することが必要と考えました。

これまでのロールレタリングの過程は、イメージ脱感作を目指すものだったのです。すなわち、ロールレタリングを重ねることによって相手への否定的なイメージから脱して、新たなイメージをもつことを、その目的としていました。

三カ月にわたるロールレタリングを通して、自己の未熟さ、おろかさに気づき、相手の立場を受容するように指導してきたのです。

さらに出院にあたっては、ケースワークによる現実脱感作を行い、義母と少年との心的交流を図ることが、社会復帰する上で重要なポイントと考えました。

現実脱感作とは、ロールレタリングによるイメージ脱感作によって新たなイメージをもったあと、面会等を通して現実にそれを確かめ、誓約していく過程です。

三　ファミリー・ケースワーク

第一回

筆者は、D君の実家を予告なしに訪ねました。家族に連絡すれば、まず義母から拒否されるだろうと懸念したためです。突然の訪問に、玄関に現れた義母は、予想どおりけげんな表情でした。客間に通され、両親と向かい合って座りましたが、義母には緊張した様子がうかがえました。筆者は「D君の出院も間近になったので、その受け入れについて話し合うため、お伺いしました。突然の来訪で失礼しました。お許しください」とあいさつしました。

義母は「私は面会に一度も行っていません。手紙も一回だけしか出していません。しかし、私のほんとうの気持ちとしては、面会に飛んでいきたいのです。電話も何度もかけようかと思いました。しかし、面会に行って、その場でD君が、『ごめんなさい』と言って私に謝れば、これまでの悪事がすべて許されるといった安易な気持ちになり、また悪事に走るのがこわいのです。なぜならば、D君はこれまで、悪事をはたらいて、私に『もう決してしません』と約束したあと、その舌の乾かないうちに、また同じ悪事を繰り返してきたからです。この裏切りを考えると、D君が『ごめんなさい』と言っても、容易に許すことはできないのです。許せばまた非行に走るので、こんどは絶対に面会に行かないことが子どもの甘えを断ち切ることになると考え、面会には決して行きません。少年院から、『ぜひきてくれ』と言われても、ぜったいに行きません」と感情をこめて訴えました。

D君のロールレタリングからみて、義母の苦悩や、やり切れない気持ちがうっ積されていることが推測されました。これまで、義母がD君を非行に追いやったなどという批判の言葉を聞いておりました。しかし筆者は、義母に対して道徳的な評価をひかえ、無条件の関心を持って彼女の話を受容することが、この際最も大切であると考えました。そこから義母のかたくなな心情がほぐれ、改めて自己の非に気づいてくれることを期待して、ケースワークに入ったのです。

筆者が義母のことばに無心にうなずき、共感的に理解しようとする気持ちが通じたのか、義母はせきをきったように話しはじめました。

「私は、この子にどれほど泣かされてきたか、私の気持ちはだれもわからないでしょう。親戚の者からは極悪人とののしられ、近所からも悪口を浴びせられました。D君には新品を買ってあげ、わが子には親戚からもらった古着を着せてきたのですよ。経済的に苦しいので主人の散髪も家でします」と、涙を流しながら話しつづけました。「毎月の給料とボーナスから損害弁償するため、これまでボーナスは手にしたことがありませんでした。こんどはじめてボーナスが少し手元に残りました。子どもが家出するたびに探し求め、その疲労のために点滴をうち、死ぬ思いをしました」

彼女は、これまでの悲しみや苦しみを一時間にわたって訴えつづけました。長年にわたって周囲の非難や中傷をうけ、それを耐え忍んできた感情が、一息に吐き出されたような印象でした。この初回のケースワーク面接では、義母が対人不信や情緒不安定に陥り、自己の現実に素直に対応できずにいる状態を、十分に受容するように努めました。

面接は夜おそくまで続きました。筆者は彼女に、「お母さんの気持ちとしては、ほんとうは面会に行きたいが、しかし行けば、D君はこれまでの悪事が許されると思い込み、再び非行に走るのがとても怖いという気持ちがおありなのですね。また、D君の本心を彼から直接確かめたいという気持ちも強いのですね」と受容的態度で接し、訪問を終わりました。

第二回

初回のケースワークでは、義母の感情をできるだけ理解するようにつとめました。第二回のケースワークにおいては、義母とD君とが実際に会い、それぞれが自己の気持ちを表現し、お互いに相手を理解し、受け入れるようにする、また、二人がそれぞれの問題点に気づき、それを各人が改善してゆこうという意欲をもつように導くことを考えました。とくに非行という心理的・社会的な要因がからみあった問題行動を取りあつかう場合、診断と治療をくり返すという試行錯誤の過程を経ながら、問題解決の糸口をつかまねばならない、という思いが筆者にはあります。

二週間後、筆者と担任はD君を同行して、彼の家を訪れました。玄関に出迎えた義母は、彼の顔を見た瞬間、「大きくなったね」と大声で話しかけ、笑顔をみせました。彼は、これにちょっとうなずき、緊張した面持ちで客間に入り正座しました。

父は担任と筆者に「これまで少年院の先生にいろいろ指導していただき感謝しています」と一礼されました。義母はD君の顔をじーっとみつめたあと、「あなたのため、近所の人々からも非難や悪口をあびせられ、耐えつづけてきたが、この苦しみは他人にはわからないだろうね。また損害弁償のため、懸命に働き、生活に疲れ、その上、あなたが家出するたびに探しまわり、過労で点滴注射したこともあるのよ。それなのに、極悪人とののしられたりした。この胸のうちを知ってほしい」など、三十分にわたり訴えるように話しました。彼はじっと義母の顔をみつめ、真剣な表情で聞いていました。

義母はなお、「自動車免許は当分取らないでほしい。単車で遠乗りして窃盗したことを考えると、とても恐ろしい」ときびしい表情で訴えました。父親も義母の話に聞き入っていました。

筆者は、「今のお母さんの訴えを聞いて、あなたはどう思ったかを、お母さんとしてはあなたから直接ききたいのではないだろうか」とD君の発言を促しました。

彼は静かな口調で「私は三カ月にわたり、お母さんの身になって、いろいろと過去からのことを真剣に考えてきましたが、今のお母さんの話からも、世間から非難され、過労のため点滴をうけたことなど、私のためひどく苦労されてきたことを、しみじみ感じました」と述べました。

父親は「あなたと妹を差別する気持ちはまったくないからね」と話しました。少年は両親の顔をみて、うなずくようにして聞いていました。そのあと、義母は急に「こんど、あなたが悪いことをしたら、私は死ぬしかない。そのときには家もつぶれてしまうことを、よく考えてもらいたい」とさらに訴えました。これに対し父親はすかさず、「死ぬのはいつでも死ねる。しかし俺は、おまえが悪いことをしても死ぬことはできない。おまえを見捨てるわけにはいかないのだ。最後まで面倒をみる。いまさら過去のことを、あれこれ言ってもはじまらない。手をつないで共にがんばっていこう。これまで少年院の先生から教わったことを決して忘れないようにしてもらいたい」と言いました。

しばらく沈黙が続いたあと、筆者はD君に、「前回この家にお伺いしたとき、『お母さんの気持ちとしては面会に飛んでいきたい。しかし、面会に行ったら、あなたが、これであやまちを許してもらえるという安易な気持ちになり、また前と同じように窃盗をくり返すのではないか、と思うと怖くなり、面会に行きたくない』と涙を流して話された。そして、あなたの本当の気持ちを、あなたの口から直接聞きたいと言われたので、ここであなたの本心を話してみたらどうだろう」とD君にすすめました。

彼は考えこむようにして、「親の身になって考えてみると、私が悪いことをしたため、家族が悩み苦しんできたことが、しみじみ感じられました。私のため世間からの非難やいやがらせをうけ、心身ともに疲れ果てたお母さんの苦しい立場を考えさせられました」と小さな声で綿々と話しつづけました。

その途中で、突然、義母が「話している最中に手指を動かしているのは、本心から話しているのではない」ときびしい調子で叱責したので、少年は指を動かすのをやめました。さらに彼の話は続きましたが、声はしだいに弱まっていきました。

「悪いことをした人以上に、親はもっと辛く苦しい生活をしていることを考えると、申し訳ない気持ちです」と胸がつまったように言った瞬間、心から叫ぶような声で「お母さんごめんなさい、許してください」と、畳に頭をすりつけて号泣した少年に、みんな驚き、じーっと泣き続ける姿を見守りました。

そのあと、「この気持ちは決してわすれないでもらいたい。二度と悪いことをしないでほしい。あなたが親の前で涙を流したのは初めて見た。こんどこそ、立ち直ってもらいたい」と話す義母の目にも涙が光っていました。その間も、少年は畳に頭をすりつけながら泣きつづけました。筆者も胸に熱いものを感じました。

父親はそっと座を立ちました。戻ってきて、まだ泣きつづけているわが子を見て、「もう頭をあげろ」と優しく声をかけました。畳は涙でぬれていました。義母はハンカチをとりに行き、そっと少年に渡しました。

少年のおえつがやんだあと、「あなたが出院した後どうしていくつもりかを話してみてはどうだろう」と促す筆者に、少年は「これまで、さんざん両親に迷惑をかけて、損害弁償で苦しんでいるので、私が働いた金を少しずつ親に返します。しかし、はじめは給料が安いので少ししか返せないと思います。また日曜日の休みには、実家に帰って両親と過したいと考えています」と述べました。

これをうけて義母は、「休日に帰ってきても畑仕事で十分なもてなしもできないかもしれないが、待っているよ。あなたからもらったお金は貯金しておきたい。自動車の免許は、当分の間とらないようにしてもらいたいね」と優しく話しかけました。父親は「出院後は世間の風当たりがきびしいかもしれないが、みんなで、これに耐えていかねばならない。お互いに手をとりあって懸命にがんばっていこう」と少年を励ましました。

そろそろ辞去しようとしたところ、義母が、わが子（D君の義母妹）を呼んで少年に会わせました。父親は少年の手を握り、義母はこれをじーっと温かく見守っていました。

帰途、車の中で、少年は「先生、親の信頼を得るには、ただ誓約したことを実行するだけです」と言ったのみで、そのあとは沈黙を続けました。

「お母さんごめんなさい。許してください」と畳にあたまをこすりつけて号泣したD君の心の叫びを、義母はもう二度と非行に走らない誓いとうけとめたであろうと思われました。

四　D君をめぐる人間関係

三カ月にわたるロールレタリングと面接等を手がかりに、D君をめぐる人間関係のこじれについて考えてみましょう。

1　D君と義母

①D君のウソの意味

義母は、D君はうそつきだから、これを治してほしいと訴えています。これに対して少年は、「自分が知らないことまで、義母はあなたは知っているはずだと、くいつくように追及するので、頭が混乱し、ついには適当にウソをついてその場から逃げるのです」と書いています。

一般に、子どもは、きびしすぎる親に追いつめられると、順応して反応し、怖れたり、不安になったり、物事を判断する力が十分にはたらかなくなってしまうものです。D君の場合は、その典型的なケースといえましょう。親からのきびしい叱責にあうと、「悪かった。すみません」とわびては、再び悪事をはたらき、その弁解のためにウソを重ねて身を守ろうとします。D君はウソを、親の追跡から逃げる方便として使っていたようです。

D君の気持ちのなかに、「俺はウソつきといわれたくない、よい子でいたい。しかし、ウソをつかねば、追いつめられ逃げ場を失ってしまう。やむを得ずウソをつくこの私の、苦しい気持ちをわかってほしい」という叫びを感じました。D君をウソつきにさせたのは、いったいだれなのかを考える必要があります。これは、交流分析のドラマ的交流（ゲーム）から見ると「追いつめ」と呼ぶ交流様式になります。

②義母を困らせる

D君は窃盗のたびに親から叱責され、「もう決してしません」と謝っては親からの免罪符を獲得します。しかし、早晩また非行に走るというパターンをくり返してきたのです。このD君の気持ちの裏には、「窃盗を犯せば、親が困る。さらに、自分の行動がもとで夫婦仲が悪くなり、父親が離婚するか、義母が家出するかという結果になるかもしれない」、このような期待が、本人の気づかぬうちにはたらいているようにも思えるのです。

これもまた、交流分析でいうシュレミールのゲーム（すみません―言い逃れ上手）と言えましょう。義母を困らせて、自分の思惑どおりに事を運ぼうとしているのですが、この種の交流は、相手を傷つけるとともに、自分も傷つくという結果をもたらすものなのです。

③義母のきめつけ

D君を世間から非難されない子として育てたいという義母の強い願望が、しばしばD君に対してきめつける言動をとらせます。このきめつけは、D君の義母に対する反発を感じさせ、親子関係がこじれる一因にもなっています。

ロールレタリングにも、食事中、背中が丸いと注意され、少年は丸くないと言っても、丸いと言いはって叩いたとか、また、子どもにはテレビを見せない、学習とスポーツに熱心に取り組ませる、といった義母のかたくなな態度が記されています。

前述のとおり、出院間近のとき義母とD君とが話しあっている間にも、「話している最中に手指を動かしているのは、本心から話しているのではない」と強く禁止する場面がありました。

また、ロールレタリングに、「同じ悪いことをしても、妹（異母妹）には体罰を加えたが私には叱責だけだった。妹と同じように私も叩いてほしかった。わが子にはもらった古着を着せ、私には新品を着せてきた」と書いています。義母としては、わが子は厳しくしつけてもいいが、D君は大事にしなければいけないという気持ちから、このような対照的な対応を行ったものと思われます。しかしD君はその気持ちが汲みとれず、むしろ、妹と同じように扱ってもらえないことで、差別されている、したがって可愛がられていないと受けとめたと思われます。

とくにD君は、義母が過去をほじくり出してガミガミ言うので反感を覚えた、と言っています。このD君の反感を義母が理解しようとせず、ただわがままだと一方的にきめつけているところに、親子関係がこじれる大きな原因があるようです。

2　D君と父親

D君と共に実家を訪問した際、義母が「こんどあなたが悪いことをしたら、私は死ぬしかない。そのときには家もつぶれることをよく考えてもらいたい」と強い口調で訴えたのに、父親は「死ぬのはいつでも死ねる。しかし俺は、おまえが悪いことをしても死ぬことはできない。お前を見捨てるわけにはいかないのだ」と言っています。

この場合、父親は、義母の真剣な気持ちを逆なでしているようにも受け取れます。

今後もし非行に走れば、義母は死ぬ、父親は死なないでお前の面倒をみる、という相反する態度に接するとき、D君が自らをきびしく反省するのはむずかしいでしょう。おそらく、D君の心の中には、

「父親が生きていて面倒をみてくれさえすれば、それでよい。義母は死のうが生きていようが俺の感知したことではない」という感情が潜んでいるのではないでしょうか。

また、義母はD君が運転免許を取ることに絶対反対ですが、父親は寛大な理解を示しています。さらに、父親は適時面会に行くが、義母は本人なりの理由で行かないといいます。

これまで長年にわたって、D君に対する父親と義母の態度には、このような正反対のパターンがみられたものと推測されます。

この事例では、父親がD君に対して同情的に反応する傾向がみられますが、これはD君に対する義母の態度に愛情を欠く面が多々あることに、父親が不満を抱いていることからきていると思われます。「もう決して悪いことはしません」と誓っては非行をくり返してきた背後には、義母の厳しい態度に抗して、父親とD君とが暗黙のうちに共同戦線をはり、結果的には父親の保護が非行を支持しているような、一種のドラマ的交流「暗黙の了解」が演じられていることも考えられます。

成長過程における、長年の家庭の不和や義母の拘束は、緊張感や情緒不安定をもたらし、自由な感情表現を妨げたに違いありません。また父親は、力強い男性モデルとしての役割を果たしておらず、母性的な愛情が不足する家庭にあって、かえって父子の結びつきを強めることになったようです。その結果、D君は社会性に欠け、力強い生き方ができなかったと思われます。

五　D君の気づきと出院

D君が出院前に書いた「少年院生活をふり返って」という作文を紹介しましょう。

入院してからというものは、全然といっていいほど、何をしても、やる気が出て来なかった自分で、また両親たちに対して本当に申し訳ないと言う気持ちもでてこなかった自分でした。

そのようなことの、毎日のくり返しの生活で、ただ先生から注意を受けないように生活していれば、いいじゃないかという生活で、本当に自分のためにならない生活を送りました。

しかし先生（筆者）からロールレタリングの指導を受けるようになってからというものは、自分は、お母さんに対して、今までのことをよくふり返ってみたら、かぞえきれないほどの迷惑をかけていることがわかったのです。

また、お母さんは自分に対して、人並み以上にいろんなことを、してくれていました。自分は、それに対して何ひとつ、返したことがなかったのです。それが、自分の心の中に今も後悔という、かたちでやどっています。この気持ちを、より深く見つめるために、ロールレタリングをつづけたのです。

その結果が意外と良い方向に進み、自分はお母さんたちの気持ちを、少しずつ知るようになったのです。

しかし別の教育に入ってから、ロールレタリングは途中で中止になりました。この訓練の間に、やればできるという自信を身につけることができ、本当にプラスになる生活だったと思っています。

意志表示も、まるきりダメな自分でしたが、自信をもって大きな声を出すという毎日の訓練の成果のため、自分の思っていることもハッキリと言えるようになったのです。そして、一時的にロールレタリングを中止していたのを、その教育を終えたあと、元の学寮に編入になると同時に、また指導をうけるようになりました。

しかし、本当のお母さんの気持ちというものはわかりませんでした。面会にもこない、手紙も届かないといった状態が続いていたので、お母さんの本当の気持ちというものを、理解することができなかったのです。

でも、うれしいことに、一度、自分の家に二人の先生（筆者と担任）とで帰ったわけで、その日にお母さんの本当の気持ちを、はじめて理解することができたのです。自分としては、本当にうれしかったのです。もし、お母さんの気持ちも理解せず、そのまま出院していたら、また同じ道をくり返していたかもしれないと思うと、とてもおそろしくなりました。自分としては、本当にいいチャンスだったと心から受けとめています。

このようなことを、よく頭の中にきざみこんで、今後の生活に取り組んでいきます。

1　出院後のケースワーク

Ｄ君の出院後のケースワークのポイントとして、次のような意見を担当保護司に具申しました。

①義母のＤ君に対する態度が変わることを期待するのでなく、むしろＤ君が義母を理解し、受容することが大切と思われます。

②自己洞察と客観視のため、毎月一回、親とＤ君とのロールレタリングを行ってはどうでしょう。

③Ｄ君の孤独感や地域社会からの疎外感をなくすため、ＢＢＳ運動（非行少年に対するともだち活動、および地域における非行防止活動を行い、犯罪のない明るい社会の建設に寄与することを目的とする有志青年による運動）と地域青少年健全育成会との交流を図ることが必要でしょう。彼は在院中スポーツで賞をとるほどの実力をもっているので、これを生かし、なお、文化クラブで学んだ経験も役に立てたいものです。

④異性との交際は、年齢などからみて、その欲求も自然なものと考えられます。彼の性格からみて、女性をもて遊ぶといった類のマイナス要因はなく、むしろ異性との交際を通じて人間としての価値ある生き方を学ぶという、プラスの影響が期待されます。これまで異性との交際はなく、ラジカセなどの窃盗を媒介として男友達の関心を求め、寂しさをいやしていたのです。異性との人間的なふれあいのなかで、感情生活がより豊かになることが望まれます。したがって、異性との交際を抑制したり、過干渉することなく、温かい目で見守ることが必要でしょう。

⑤将来の生活設計については、自ら考えさせ、また、努力すれば自立できる具体的な目標を設定す

ることが、本人の意欲をたかめるのに役立つと考えます。彼は働く意欲もあり、体力や器用さもそなえています。そこで、ただ働かせるだけでなく、働くことを通じて自己実現を図る意欲をもたせることが大切でしょう。

⑥D君の改善意欲を高めるには、まず心理的な苦悩を解消するための方策を考えるべきです。これまでの長い非行歴のため、他からのきびしい非難に耐えてゆかねばならないことを思うとき、彼に最も必要なのは、本人を温かく受容し援助してくれる精神的支えではないかと思います。そのためには、平素から自分の内面を語れるような対話やふれあいが必要です。そのなかで、彼の煩悶に対して適切な相談や助言が行われることでしょう。

D君への対応に留意すべきこととして、具体的に次の諸点が考えられます。

・D君のロールレタリングにも書かれているように、過去の非行や被害弁償等について、彼の古傷にふれるような言動を慎むことです。

・くどくどとした叱責や注意は、極力避けるべきです。

・D君は対人関係で緊張感や威圧感をもちやすく、防衛のために、表面上は柔順な態度をとる傾向があります。しかし裏面ではそれに反した行動をすることがあるのです。そういう状況に追いこまないために、つとめて彼の長所をみとめ、励ますことを多くして自信を持たせ、率直な態度をとれるように配慮するのがよいと思われます。

・批判的な目でD君の短所やミスを探すようなことはせず、また、「ダメじゃないか」「何をぐずぐずやっているのだ」といった否定的な言葉を用いないようにすることです。
・D君には、いやになる、つまらないという不快感に浸る傾向があるので、明るくユーモアに富んだ態度で接し、のびのびとリラックスさせるような対応を心がけるべきでしょう。

2　出院後の経過

D君が出院して一年経過したところで、担当保護司から筆者へ連絡がありました。

「出院後、非常にまじめに仕事に精だし、生活態度も極めて良好です。彼が七年間も非行をくり返していたとは想像もつかない変わりように驚いています。

これは、少年院での教育効果とあわせて、とくに注意すべきことは、少年院の先生がD君と両親との話し合いを図られたことで、長年にわたる不信や葛藤が一気に氷解したことが、更生意欲をとみに高めたものと信じています。その後、義母ともよく話し合い、楽しくふれあっています。

D君の非行からの回復のケースについては、私（担当保護司）の長い経験からしても、とくに高く評価しています。このケースを保護監察所長に報告し、ケースワーカーの貴重な資料として紹介することにしております」

D君は、親子の人間関係のこじれから、七年間にわたる非行におちいったのですが、やっと自らを解放し、彼本来の生き方をとり戻したのでしょう。


（二〇〇一年）

11章　ロールレタリングについて読者の質問に答える

『ロール・レタリングの理論と実際』の読者から、次の質問を受けたので回答いたします。

〈質問〉

感情・考え方及び事実に焦点をあてた自己カウンセリングと自己対決の技法に強い関心を抱きました。と言いますのは、私もあることに悩み、長くカウンセリングをうけ、理由は言えませんが、途中でやめてしまったことがあります。とくにロールレタリングは、告白機能と安全性を有しているとのことで、ぜひ私もやってみたいのです。具体的事例によって教えてください。

〈回答〉

まず、質問者の悩み相談と似た事例を引用して説明します。

高校時代の心の傷に悩む——心閉ざしがちな二十七歳独身女性

現在失業中の二十七歳の独身の女性です。高校時代、勉強が手につかないほど精神的にまいってしまった経験があります。

大学時代もそのことにこだわり続け、カウンセリングも受けてみましたが、結局、高校時代の心の傷は消えませんでした。私は、高校時代は自分に自信をつけ、社会に出た時の自分を支える力を養う時期と思っていただけに、それが果たせず、今なお（中略）私の人間性をつくり出すのに失敗したと思っています。

勤めていた時もプライベートのことに触れられると、つい心を閉ざしてしまいました。同世代の人と話していて、その人の高校時代の話を聞くと、自分が持っていない宝物をもっているようで、落ち込んでしまいます。青春時代のことをこんなふうに考えるのは私だけでしょうか。どうかアドバイスをお願いします。

（「人生案内」読売新聞、一九九二年七月十一日付朝刊）

この彼女の感情・考え方に焦点をあて、ロールレタリングによる心理療法を説明しましょう。

まず、「高校時代、勉強が手につかないほど、精神的に参ってしまった経験があります」とありますが、精神的に参った原因についてはまったく触れていません。推測するに多感な年齢だけに、①失恋、②差別、③親友の裏切りなど、対人関係の挫折による心の傷も推測されます。しかし、「大学時代にカウンセリングを受けたほどに、根深い心の傷がある」とありますので、筆者は、対人関係の挫折というよりも人生のモデルとして尊敬し、信頼し、愛情を受け、自分を育ててくれた「両親の突然の離婚によるショックからくる心の傷」であるという仮説によって述べていきたいと思います。

つまり、「職場でプライベートのことに触れられると心を閉ざしてしまっていた」といえば、両親の離婚による心の痛手に触れられることに耐えきれず心を閉ざしてしまったと推測したからです。

人生の基礎作りとしてもっとも大事な高校時代に、自分を物心両面で支えてくれた両親が突然離婚し、深刻な打撃を与えたのではないかと考えられます。

さて、このため深く落ち込んでしまった彼女に自信と希望を与えるためには、ロールレタリングによってどう対応すべきでしょうか。

彼女は大学時代にカウンセリングを受け心の傷を癒そうとしましたが、高校時代の心の傷は癒されず現在に引き続いていることを考えると、本人はカウンセリングに対して期待感をもっていないことを踏まえて、ロールレタリングによって自己受容と自己対決による心の癒しを導入してはいかがでしょうか。

感情に焦点をあてる

まず、ご質問の「感情に焦点をあてて導入する」ことから説明しましょう。

精神療法というのは、心を開示することからはじまります。法華経に開示悟入という言葉があります。心を開いて、何故に悩んでいるかを明らかにしてこそ、悟り（気づく）に入るというのです。

まず、本心を訴えなければ、心は癒されません。しかし、発言の秘密が保証されることが本音を話すための重要な条件です。高校時代に両親の離婚により、心の傷を受けたことを率直に訴え、カタルシス作用を促すことが先決です。訴える対象者にもロールレタリングの援助者にもこれを見せないところに、ロールレタリングにおける告白機能と安全性があるのです。

導入時の留意点

ロールレタリングは誰にも見せないだけに、誤字・脱字・文脈・拙文を懸念し、こだわる必要はまったくありません。これにこだわりすぎると、感情表現がスムーズにできません。「自分自身の今の感情をありのまま書く」ことが大切で、自分でその文章が判断できればそれで充分なのです。殴り書きしてもけっこうです。

ロールレタリングのすすめ方

長年にわたる心の悩みは、一回きりのロールレタリングでは出し切れないでしょう。心の悩みを吐き出すためには、せめて四、五日、毎日三十分程度続けて書くように勧めたいのです。これには、科学的に実証された根拠があります。

「生まれてからこれまでに最も深く傷ついた経験について、あるいは現在頭を悩ませている問題について、一日十五分ないし二十分かけて文章を書くという作業を五日ばかり続けてもらうのだ。被害者は、自分の書いた文章を提出したくなければしなくてもよいことになっている」

「この告白は驚くべき効果をもたらした。被害者の免疫機能が高まり、実験後六カ月間の通院回数が減り、病欠日数が減り、なかには肝臓の酵素分泌が活発になった例さえあった。しかも、文章につづられた心の動揺が大きかった人ほど、免疫機能の改善が著しかった」（ダニエル・ゴールマン）と報告されています。

未処理の感情を始末するためには、まずカタルシス作用を図ることがいかに大切かが理解できます。このために、課題ロールレタリング「高校時代の心の傷に悩む」を書いてもらうのです。これを親を対象にして毎日、気持ちがおさまるまで書き続けます。

自分の悩みを心ゆくまで親に訴えつづけ、告白してこそ、気持ちが冷静になり、カタルシス作用が得られるのです。この後、親の立場になってわが子（本人）に対し、この悩みの告白に返事を書くという方式で交互に訴えてみてはどうでしょうか。そこから深く傷ついたきびしい経験に何らかの意味を見いだし、気づきへと導き出されていくのです。

考え方に焦点をあてる

「高校時代は、自分に自信をつけ、社会に出た時の自分を支える力を養う時期」と彼女は言っています。この考え方について焦点をあて、深く傷ついた経験をふまえて、これからどう生きるべきかについて、親との対話のなかで、具体的方策を考えることが次の課題です。課題ロールレタリング「いま達成したい具体的目標は何か」に取り組み、自分をこれまで育て、物心両面において支えてくれた親を対象にロールレタリングを導入します。

本人は大学卒です。たとえば、社会福祉士の受験資格を得るために大学の編入試験を受けて国家資格を取ることに挑戦するか、それとも、保母さんになる方法を探るなどいろいろと想起されるでしょう。この課題ロールレタリングによって、自分のことを一番心配してくれる人物を対象にして訴え合う過程で、現実吟味能力が高まり、自分の進路に対する考え方が明確になり、具体化することが期待されます。

次の課題「この目標を達成すると、どのような良い変化が起こると思うか」ということをロールレタリングによって自己対決してみましょう。

「同世代の人と話していて、その人の高校時代の話を聞くと、自分が持っていない宝物を持っているようで落ち込んでしまいます」とあります。このロールレタリングによって、今度は自分は持っていない、と考え込んでいた考え方を変えるため、自分に内在している潜在能力(宝物)を探すことが大切ではないでしょうか。これによって、良い人生が開かれることを目標に、希望を抱き、取り組んでみましょう。

青春時代の考え方を変えるため、前述の要領でロールレタリングを進めてください。

現実課題に焦点をあてる

考え方を変えたあと、次にこれからどう生きるべきかという現実課題に焦点をあてることが重要です。

彼女の問題解決への意欲は強いのではないでしょうか。なぜなら「高校時代は、自分に自信をつけ、社会に出た時の自分を支える力を養う時期と思っていた」とあります。高校時代に、将来に対しこのように真剣に問題意識をもっていたことに、むしろ敬服したいのです。筆者は十七歳ごろには、淡い希望は抱いていましたが、社会に出た時の自分を支える力を養うという問題意識はもっていませんでした。これに比べれば、彼女の課題解決への能力は高いものと期待しています。

この課題ロールレタリングによって、目標達成のために、どう、具体的に実行すべきか、日々の生き方について生活プランをたて、十年間にわたる青春のブランクを取り戻すために、親を対象人物として、自分の現実問題に対決してはいかがでしょうか。

ロールレタリングは告白機能と安全性があるとともに、自己受容と自己対決によってカタルシス作用を図り、現実を検討する能力を育て、共感性を高める心理技法なのです。自分が悩み、自分が心を閉じてできた心の傷を、自分から心を開き、自ら癒そうと決意した人に援助の手を与えるのがロールレタリングなのです。

言い方を変えれば、ロールレタリングは、自ら助くるものを助くという自前の心理療法といえるかもしれません。

筆者はこのような要領で、悩める学生や患者さんへ、自己主張より自己理解による自己実現への援助技法としてロールレタリングを導入しています。

（一九九二年）

〔参考文献〕

ダニエル・ゴールマン著、土屋京子訳『ＥＱ――こころの知能指数』講談社、一九九六年、二七六頁
白井幸子『看護にいかすカウンセリング――臨床に役立つさまざまなアプローチ』医学書院、一九八七年

12章　飲酒運転防止のための断酒の知恵
――脳科学によるアプローチ

はじめに

最近、大手のビールメーカーはアルコール〇%ビールを発売している。これは飲酒運転事故防止の具体策の一つであろうかと推測される。筆者はアルコール専門病院での二十五年間の臨床をふまえ、断酒の知恵による飲酒運転防止を訴えたいのである。

一　隠れアルコール依存症が疑われている人びと

・飲酒運転違反で三度検挙され、仏の顔も三度までを反省せず、飲酒運転をする人。
・多量飲酒で、内科病院で再三治療をうけ、主治医から「あなたは、当院で治療するよりアルコール専門病院で治療してもらいなさい」と言われ紹介状をもって来院する人。

・初回入院で、未成年のときから十五年間飲み続け、家族、知人などから大酒飲みと非難されている人。
・酒が原因で人間関係にひびが入り失職、離婚、ギャンブル、サラ金などのトラブルがある人。
・せめて今日だけは飲酒すまいと思っても、つい飲んでしまい、休みの日には朝から飲み続け、飲まねば一日が終わらず落ちつかない人。

上記の人びとは、アルコール依存症の疑いがあり、アルコール専門病院で診察をうけることをぜひおすすめしたい。なお、筆者の臨床経験からして、初回入院前、すでにアルコール依存症者（以下、ア症者）となって三年以上経過している人もいる。早期発見、早期治療が極めて大切である。

二　ア症者がノンアルコールビールを飲めば飲酒の起爆剤となることが懸念される

ア症者でない人には直接関係ないと思われるかもしれないが、最近、高校生の飲酒者が徐々に増えている。ある都市では高校三年生の一部がビールの味を覚えてきた、というアンケート調査を読んだことがある。なかには、中学生がノンアルコールビールを飲んで、親から「これは、アルコールが入っていないから」と大目にみられたという話を聞いた。

筆者は職務上、アルコール〇%のノンアルコールビールを試飲してみた。アルコール〇%であるだけに酔いはまわらない。しかしビールと明記されているだけに、その液体の色、香り、「ぐいぃと飲み込むノドごし」の感覚はビールそのものであり、このビールを開発した研究者の苦心の策に感じ入った。このノンアルコールビールを飲んでも酔わない、飲酒運転にはならないので、興味と関心から高校生が手をつけることが懸念される。これに関してノンアルコールビールについて断酒会のメンバーと話しあった。あるア症者もノンアルコールビールを仲間と試飲したという。味も香りも同じで泡も出る。ノドごしも、ビールと同じである。たてつづけに飲むが酔いはまわらない。しかし、ほんののビールと同じなので錯覚を起こしそうだが、酔わないのでむしろ「むなしさ」を感じた、と話された。ノンアルコールビールといえども、欲求とむなしさから飲酒衝動が刺激されて飲酒への起爆剤となり、落とし穴となる。「ア症者になるとストレスがたまりやすく逆うらみが生じやすい。それで断酒が容易でない」と筆者は考えるのである。

三　ア症者の宴席での心得

筆者はア症者に次のことを訴えている。

①酒を飲んでいるア症者とは交際しないこと。②酒宴の場には参加しないこと。どうしても参加しなければならないときには、抗酒剤（酒を一時的に身体にうけつけなくする薬）を服用して参加すること。そして酒飲者の隣席には座らないこと。

酒宴の場に参加すると酒の香り、「うまし、うまし」と舌づつみを打ち、「ごくりと飲む」ノドごしの音に誘惑されやすい。一方で、当人は大酒飲みには飲ませまいと知人からは敬遠され、長時間にわたる酒宴の場は、我慢の修行の場と化す。

ア症者は「彼らは俺以上に大酒を飲むのにア症にならず、どうして俺だけア症になったのか」と、ア症と診断した医師を恨むともいう。飲んでいる連中は、楽しそうに飲みながら二次会の話に移る。やっとのことで宴会も終わると当人はむなしくわびしい気持ちになり、帰路につく。一人とぼとぼと暗い夜道を帰るなか、遠くに明るい灯が見える。飲み屋か、自販機かと、飲みたい欲求と葛藤しながら、「夜の誘蛾灯」に見える自販機が無性に恋しくなる。すると、「一杯飲めば地獄酒」の言葉も頭を去り、意識下に抑え込まれていた否認の病気が台頭し、自販機に吸い込まれて、暗夜でただ一人、缶ビールを一気に飲みほす。酒宴の場に出ることと、ノンアルコールビールを飲むことは、同じ飲酒衝動を演出することを心得るべきであろう。

四　ア症者はなぜ「一杯飲めば地獄酒」となるのか

『アルコール性臓器障害と依存症の治療マニュアル』（猪野亜朗先生）によると、「A神経系という快楽神経系が酩酊と関係がある。A神経系から快感を増幅するドーパミンが分泌されるのをGABA神経が抑制しているが、GABA神経をアルコールが抑制することで快感を増幅するであろう。このA神経はいくつかの中枢へと神経繊維でバイパスを作っていて、A神経系が興奮すると、それの中枢も興奮するという。即ち、食欲中枢とつながっているから酔うと食欲が亢進する。食前酒はこの作用を薬理学的に活用している。しかし、この中枢はすぐ疲労して興奮しなくなるので酔いが続くと食欲亢進はなくなる。大酒を飲む人が食べないで飲むのも、これと関係がありそうである。性欲中枢ともつながっていて、酔うと性欲が亢進することになる。この中枢もすぐ疲労して興奮しなくなる。スナックで薄暗い所で見る女性が不思議に美しく見えるのは酔いによる性欲亢進作用によると言える。ところが、大酒を飲むと性欲は逆に減退し、ひたすら飲むことになって夫婦生活も、おろそかになる。攻撃中枢ともつながり、酔うと大概攻撃性も高まるのは、酔うと興奮するA神経系が攻撃中枢ともつながっているためである。この解剖学的なつながりが家族や周囲の者を悩ます。また記憶中枢にもつながっていて、酔うと必ず壊れたレコードのように同じことばかり話す人がいる。創造性中枢にもつながり、酔うと創造性が高まる。確かに酔うと思いつきや閃きが生じる。芸術家には大酒家やまたアルコール依存症者が多いが、彼らはこの創造中枢を酒で刺激することによって、芸術活動を強めている」という。

筆者は、長期多量飲酒では、A10快感神経のブレーキが故障し、「一杯飲めば地獄酒」の状態をもたらすのであろう、と推察している。

五　断酒の知恵

1　君子危うきに近よらず

脳科学で最近とくに注目されたのは、ミラーニューロンの発見である。ミラーニューロンとは、他人の行為を見ているだけでも、自分がその行為をした時と同じように活性化する脳神経細胞。学習や模倣、コミュニケーション、さらには、情報の伝達・共有を説明する鍵として、脳科学、認知科学のみならず、心理・教育・社会学などの注目を集めている。

白石哲也氏（脳科学者）は、「コーヒーを飲もうと思い立つ前に、脳はコップを手にとるために動き出している。ごくわずかな時間だが意志よりも早く脳は働き出す。そして手が動き始めたとき自分の意志が起こしたものを感じている。この行為と意思の間の時間差が意識に先行して働く無意識の領域の存在が明らかにされている」。

前述のように、患者は酒宴の場に参加すると、酒を飲んではならないと考える意志よりも酒の香り、のどごし、「うまし、うまし」と飲む雰囲気に巻き込まれる。本能的無意識が欲望、煩悩をリードし、意思より早く動き出し酒に手を出すことが、脳科学で解明されつつある。

ア症者は、アルコール〇%ビールを飲み始めると、やがて本物のビールを渇望することが懸念される。君子危うきに近よらずである。筆者は、高校で酒の害と罪について講演したあと、校長先生から、

「中学生に対してもアルコールの害と罪の病理について講義してもらいたい」と依頼された。中学校における保健体育の時間にアルコール・薬物依存症の酒の害と罪についても、授業が考えられるべきであろう。

〈事例紹介〉

ある人は四十歳のときア症と診断され、入院治療をうけ退院後二十年間、きっぱりと断酒してきたという。その人は六十歳で無事定年を迎えたので、妻は二十年間も断酒したので完治したと思い、好きなビールを飲ませたところ、これが引き金となり、ビールが焼酎にかわり、飲みつづけ断酒できず、連続飲酒となり入院する破目となった事実を、筆者に訴えた。ア症者は、糖尿病や高血圧症と同じで、完治はできない。しかし、断酒をつづけると、寛解する。病気そのものは、完全に治癒していないが、症状が一時的あるいは永続的に軽減または消失することを説明し、断酒継続の大切さを強調している。

2　断酒の知恵を学ぶ座談会

最近、断酒会の参加者がアルコール専門病院から退院する割合の数と比較しても、増えていない、という意見が各地から聞かれる。その原因は別として、断酒会の治療のさらなる効果を期待し、具体策を提案したい。一般に断酒会は体験発表に始まり体験発表に終わっている。筆者は断酒会の前半は体験発表を、後半は「断酒の知恵を学ぶ座談会」を開くよう提唱して一年を経過した。これは体験発表が終わった残りの時間に、「断酒の知恵」を紹介し、質疑応答の時間をもうけ、みんなで考え自己の問題性への気づきを促すことをねらいとしている。参加者は体験発表でやや緊張するが、座談会は雰囲気も和らぎ、断酒の知恵を素直に聴ける親和的交流に変わる。体験発表と座談会によって断酒の知恵を育成する。ア症者は自ら酒の害と罪に気づき、断酒の自己決断と信念が治療そのものであることを筆者は強調している。次に事例を一つ紹介しよう。

あるア症患者は「私は独り身で来月はじめに退院することになったが、とても不安で孤独である」と訴えた。筆者は「退院して断酒生活三年、五年、八年、十年になった断酒経験者もいるので断酒のコツを答えてほしい」と参加者に発言を促した。すると断酒しているア症者が「私も入退院を六回繰り返してきたが孤独であった。先輩から、そのため断酒会に積極的に参加し、仲間作りをするのがよい。そして孤独を癒し、お互いに励まし支えあうことである、とすすめられた。孤独になると不安でむなしくなる。断酒の誓いの言葉に『私たちは酒に対し無力であり、自分一人の力ではどうにもならなかったことを認めます』と明記されている」と話された。

次いで断酒会にせっせと参加して断酒八年を経過したア症者が「私の電話番号を知らせるから、淋しくなったら電話をください。お互いに励まし支え合いましょう」と発言された。

このあと女性ア症者から「私は家族がいるから孤独ではない。しかし、無精に急に飲酒衝動が生じビールに手を出すことが退院後、とても気になるが」と質問された。すると、断酒十年のア症者から、「急に飲みたくなるのは、疲れと空腹のときで、血糖値が下がってイライラするので、そのときは、この瞬間だけは断酒するが、明日は今日の分まで『いやというほど飲むぞ』と自分に言いきかせ、この瞬間をぐーっと我慢する。そして、いつも準備しているアイスクリーム、バナナを食べて耐えるのです。これが満腹療法といわれています。この瞬間断酒を継続して十年を経過してきた。また、どうしてもイライラが消えないときは、思い切って仕事をしたり、身体を動かすために歩きまわって断酒してきた」という発言があり、盛大な拍手をもって体験発表と断酒の知恵の座談会は終了した。

座談会は、みんなの対話で始まる。筆者は断酒の知恵を出し合って脳を活性化させるためには、対話が大切であると強調している。

「自分にとって興味がある話となると、（中略）記憶を引き出す前頭葉や「海馬」、比喩やたとえ話を理解する「角回」、相手の表情や身ぶりを見るための「視覚野」も動きます。（中略）相手の心の動きを観察し理解するために前頭葉の「眼窩皮質」も大活躍します。（中略）脳が活発に活動するのは、興味と関心をもって初対面の人と話しているときです」（篠原菊紀先生）。

「前頭葉は人間の進化の過程で最後に発達した脳の一部であり、この脳の部分は個人の成長過程で、もっとも遅く成熟し、もっとも早く機能低下が起きる」と言われる。筆者は定年後、一人住まいで、孤独から酒に手を出し、連続飲酒し入院してきた患者を見聞してきた。特に「断酒のための知恵を学ぶ座談会」でお互いに対話していけば脳は徐々に元気になる。筆者は「共感という行為は、相手の感情や訴えを感じとり、相手に心を添わせていくことになる。他者に共感することは、同時に自分の脳を鍛えることになる。共感力やコミュニケーション力は決して自分一人では身につかない。元気な脳を継続するには、断酒会の友人の輪のなかに入って積極的に対話することが大切である」と訴えている。リーダーや司会者は、酒の害と罪と治療への識見をもつことが大切である。

六　断酒継続のコツ

上岡トメ＆池谷裕二『のうだま――やる気の秘密』（幻冬舎）から断酒継続の決め手になることを探求してみたい。

第1章に「人間はあきっぽくできている」。「やる気は迎えに行くものです」。「続けるコツは脳をだまして蒼い玉を動かすこと」と書かれている箇所を読んだ瞬間、この本は、断酒継続の決め手になると考えた。とくに脳の意外性として「人間はあきっぽくできている」という点に強い印象を受けたのは、脳科学研究者である東京大学大学院薬学系研究科准教授の池谷裕二先生の研究であった。断酒継続のために実践できる内容が豊富に示されている。

筆者はア症者に対し、断酒は継続してこそ、最大の治療効果が得られる、と長年にわたり強調してきた。しかし断酒は容易でなく、あきやすく、冷めやすく、三日坊主に終わることが多い。アルコール専門病院で治療をうけ、退院して二年間に八〇％が飲酒して入院してくるという報告を読んでいるだけに、アルコール・薬物・ギャンブル依存症者にもこの『のうだま――やる気の秘密』を是非一読してほしいと願っている。

1　三日坊主をどう乗り越えるか

仏の道を修行するため、難行、苦行を覚悟で入門したお坊さんすら、なかなか長続きせぬことから「三日坊主」という格言が生まれたのであろうと考えたとき、断酒継続がいかにむずかしいものかと感じる。ア症者の中には退院後間もなく酒に走る人もいるが、十年、二十年断酒している人もいるのである。ア症者は平均寿命五十一歳で命を落とすといわれるが、この三日坊主を乗り越えてこそ、人間は万物の霊長として評価されるのであろう。有名なイチロー選手は、小学一年から野球の練習を欠かしたことがないという。彼によると「マンネリ化には、すぐ冷める人と、ずーっと続けていく積極的な人の、両方がある」「毎日歯を磨くのも実はマンネリ化で、いつの間にか、めんどうくさくなく習慣化している」そうである。

2　続けるコツ

・脳は、もともとあきっぽくできている。三日坊主は生きていくために、脳がマンネリ化させるために起きる。
・やる気は、じっとしていても出てこない。カラダを動かして、初めて出てくる。
・やる気がでるのは、「淡蒼球」という脳の部位。活動が活発になると、この部位のやる気も高まる。

・淡蒼球は自分の意志では動かせないが、連動する四つのスイッチは自分の意志で動かすことができる。そのスイッチを入れることで淡蒼球を活性化させる。それが続けるコツ

（上岡トメ＆池谷裕二『のうだま――やる気の秘密』）

ア症者にとっては、断酒を続けることが生命を守ることにつながる。この続けるコツを断酒継続に役立てたいものである。断酒のやる気を起こすためには、やる気はこちらが迎えに行くものであることを知ろう。いつまで待っていても、脳の中からやる気は出てこない。やる気を起こすためには、まず身体を動かすことが必要である。

「脳は頭骸骨の中に閉じ込められているから、外のことは全く分からない。身体を動かせば、脳は次第に活性化モードに入る。はじめはおっくうであるが、とにかく頭で考えるより、身体を動かすこと。これを作業興奮という」

断酒会参加で断酒の知恵を学ぶためには、雨の日も風の日も、自分の脚で参加する行動力こそ、三日坊主を乗り越えて習慣化するであろう。

やる気は自分から迎えに行くこと。脳をだましてやる気を出す。アタマで考えると、めんどうくさくなる。だからアタマは見捨てて、脚だけに気持ちを集中する。そして立ち上がるだけでも気持ちが高ぶる。そこで断酒会に出かける。

「強く賢く真剣に」と大声で叫ぶ。するとなんだか気力が出る。「続けるコツは、脳をだまして、蒼

い玉を動かすこと。やる気が脳から出なくても、やる気になっているときは、脳のどこかが動いている。動いているのは淡蒼球で、やる気になっているとき、この淡蒼球が活性化している。ところが、これは自分の意志で動かすことができないのである。だから、まわりを巻き込んでだますしかない」というのである。**図1**に示されている淡蒼球は、自分の意志では動かせない。でも、これを動かすための起動スイッチが四つある。この四つのスイッチをオンにすると、連動して、淡蒼球が動くのである。

3 断酒継続の実際

あるア症者は断酒会に誘われて三回参加したが、同じような体験発表を聴いても、しかもアル中の体験を聴いても、むずかしい断酒ができるはずがない。医師が話すと思って参加していたが医師はいない。アル中の連中だけだ。三回も参加して、『もうあきた』と訴えた。そこで、『別の断酒会に参加してみるように』と言われ、別の断酒会へ友人とともに参加し、これが動機で断酒会参加が続いている。やる気がなくなりそうになったとき、B（身体を動かすと入るスイッチ）、E（いつもと違うことをすると入るスイッチ）、R（ごほうびで入るスイッチ）、I（なりきるスイッチ）、この四つのスイッチのうち一つ入れれば、淡蒼球もつられて動き出す。すると、やる気がどんどん出てくる。やる気さえ出れば、続けることができる。それを繰りかえしていくとマンネリ化して、やがて「めんどうくさい」という気持ちが消えてゴールに向かうことができる。

意識して断酒していたのが、無意識でできるようになる。歯みがきみたいに習慣の輪に入ってしまえば、ずっと続けることができる。脳をだまして続けよう。続けるコツは、蒼い玉と四つのスイッチにある、という。

「淡蒼球がやる気を生み出す。しかし、この淡蒼球は、自分の意志で動かすことができないのが難点」という。淡蒼球に相当する脳部位は、人間のような哺乳類だけでなく、鳥類、爬虫類、魚類にもあるといわれる。

私どもは、「淡蒼球が『やる気』を生んでいる」ということを初めて知ってビックリする。淡蒼球は常に活動している。しかしそのレベルは上がったり下がったりする。上がればやる気になるし、下がればやる気も落ちる。直接、動きをコントロールすることはできないけれど、連動するスイッチは四つある、これは自分の意志で入れることができるスイッチである。どんなに待っていても、脳からは「やる気」は出てこない。とにかく身体を動かしてみる。すると運動野が動いて、淡蒼球も運動する。やる気が出ないときこそ、外に出て、自分の足で歩く。すると淡蒼球が動き出す。体が移動しているときは、けっこうアイデアが浮かぶものだ。

カントやベートーベンはよく散歩してアイデアを生んでいたという話を筆者は聴いたことがある。これは自己知覚というもので、身体の表現に脳がつられてきているためであろう。「顔が笑っているから、面白いんだ、と脳が感じる。ホントに脳はだまされやすい」という。

松下幸之助氏は、町工場が不況で倒産寸前で悩み続けているとき、奥さんから刺激をうけて街をう

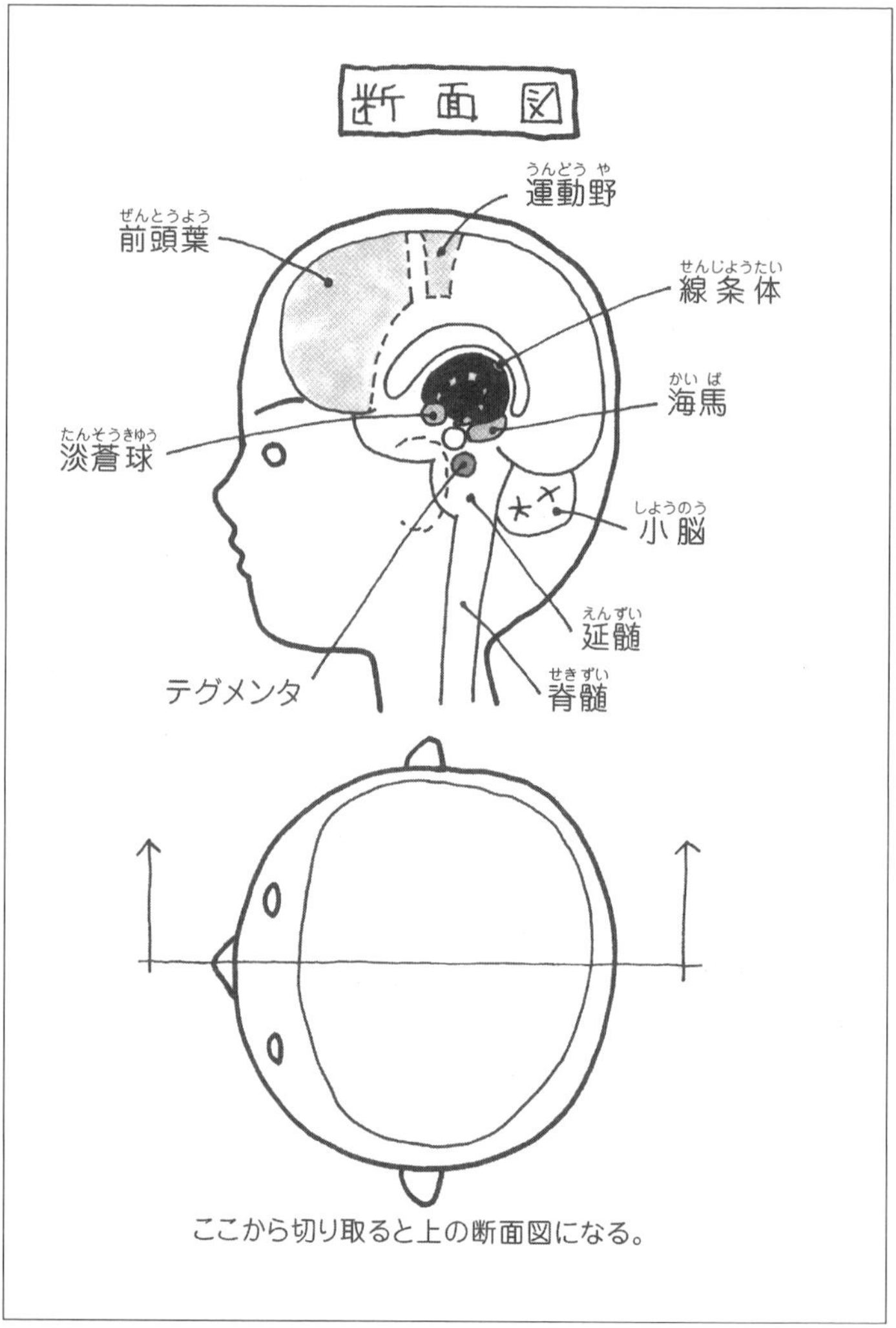

図1　脳の断面図（『のうだま』12頁より）

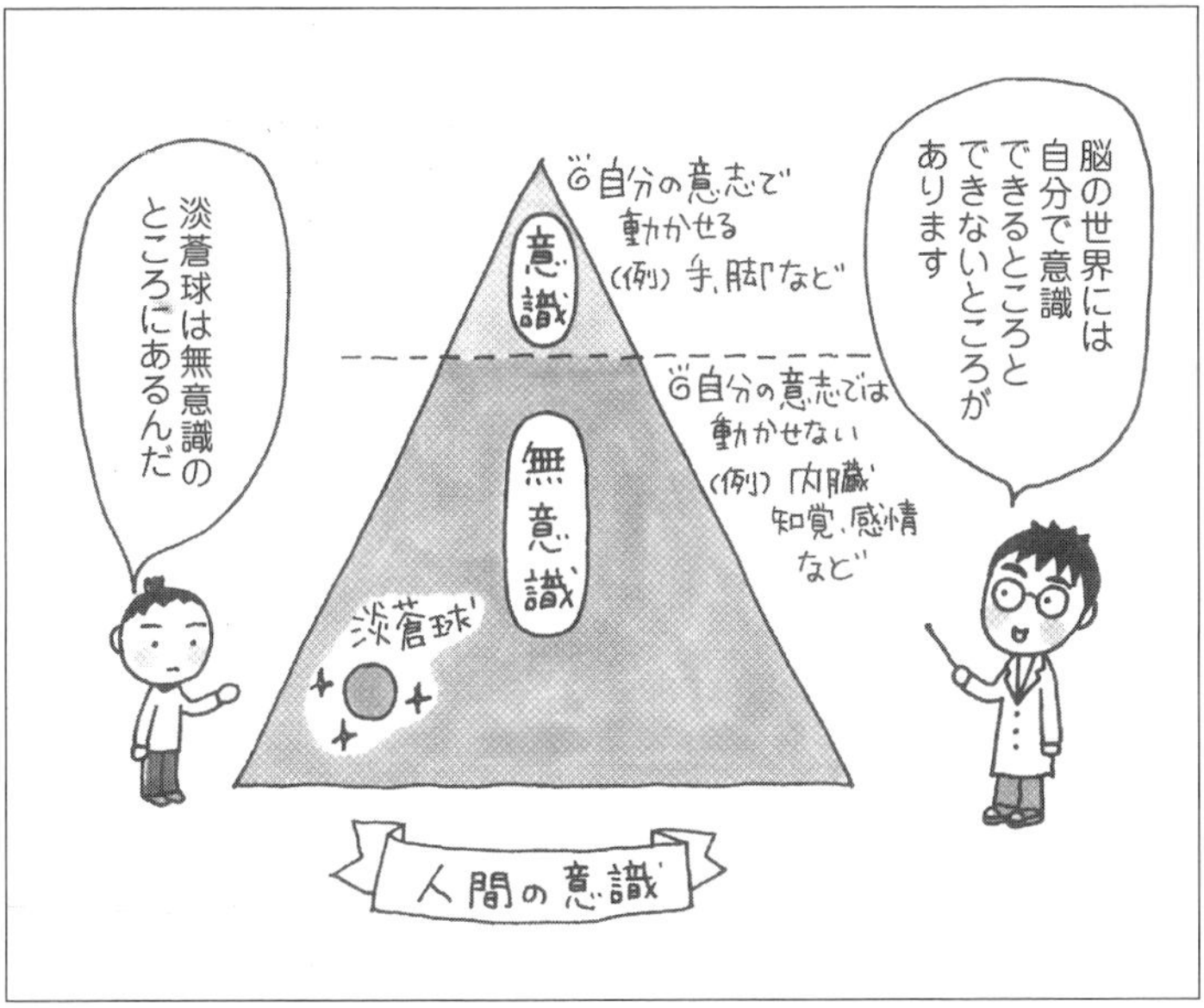

図２　人間の意識（『のうだま』39頁より）

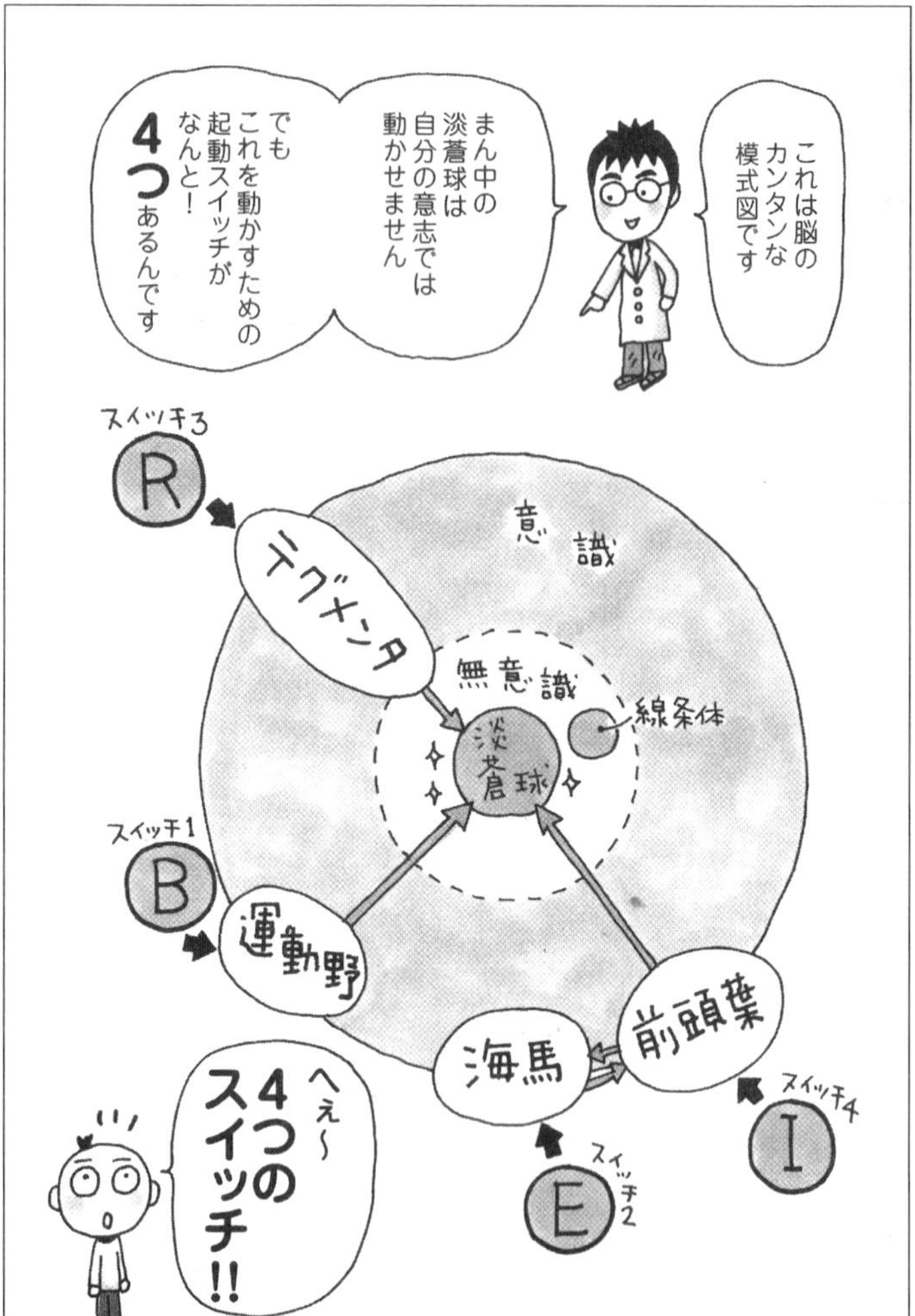

図３　淡蒼球を動かすための４つのスイッチa（『のうだま』40頁より）

図４　淡蒼球を動かすための４つのスイッチb（『のうだま』41頁より）

ろつき廻っていたところ、二又ソケットのアイデアが生じたという。この二又ソケットの作成で、一気にスランプを盛り返したという話を筆者は聴いたことがある。

①スイッチB　身体を動かして行動すると、意外な出会いやチャンスを生むものである。

移動していると、けっこうアイデアが浮かぶ。移動して違う風景を見ると淡蒼球が動くという。

②スイッチE　いつもと違うことをする。

とても熱く感動したことでも、脳はすぐマンネリ化させてしまう、という。

筆者は、原稿書きを四時間したあと、マンションのエレベーターを使わず階段を何回も上下して、身体を動かす。そして、また原稿を書き始める。反抗期は一種のマンネリ打破の意味をもち、自立する上で必要である。マンネリ化したままでは成長はしない、といわれる。

「マンネリ打破のために、いつもと違うことをする。ここではスイッチは海馬（記憶を司る場所）であり、動くと前頭葉にもスイッチが入り、淡蒼球も動く」という。

「いつもと同じカゴにいれられているネズミを違うカゴにいれると、海馬の動きがとたんに活発になる」。これは人間も同じで海馬を動かすには、いつもと違うことを味わったりするのが得策だという。もちろん、淡蒼球にもスイッチが入る。たまには、場所を変えたり、違ったことをすると、やる気が起こる。

たとえば、断酒会も、ときには別の断酒会に参加してみるのもよい。体験発表でも、ただ参加するのではなく、原稿を書いて発表してみる。同じ発表ばかりくり返さないで、ときには、酒害・酒罪、いろいろな失敗談を発表してみる。いつも物事を新しく感じる柔軟な心、感動する心も必要であろう。脳はどんなに新鮮な経験も、すぐマンネリ化させて当たり前のこととしてしまう。それに負けないために目のつけ所を変えたり、ちょっと違ったことをしてみたりするのもマンネリ化防止になるという。

③スイッチR　ごほうびを与える。

テグメンタが刺激されると淡蒼球も動き出す。これがスイッチRでごほうびを与える方法であるという。

最初、断酒することは至難の業であるが、はじめの一週間の断酒で喜び、一カ月の断酒でプレゼントをあたえる。三カ月間の断酒ごとに表彰状（報酬）をもらううちに身体の調子もよくなり、食欲も出はじめる。六カ月断酒で記念品、一年断酒で仲間・家族との食事会。これらは心理的ごほうびとして、励まされ、理解され、賞められ、やる気が出る、達成感を覚えるなど、健康と幸福感などが身についてくる。これは最高の報酬をうけることになる。

子どもは賞めて育てよ、豚もおだてると木に登る、という。

ごほうびを正しく設定しよう。

ごほうびをもらって、うれしい刺激を受けることをテグメンタという。その快感を求めて同じことをする。マラソン世界一の高橋尚子さんも優勝の快感を求めて猛練習したのであろう。テグメンタを刺激されることで深い快感をえて、長年にわたる猛練習が継続されてオリンピックで優勝したことが推測される。

断酒の場合も、人から言われたものでなく、自分できめた目標を達成したとき、その快感を一度覚えることで次々に一年断酒、三年断酒に挑戦し、やる気が期待され、快感を求めて同じことをする。これが続く原理といえよう。

断酒によって、親、妻、子供が喜ぶ。自分も嬉しい。断酒の喜びは、自分自身の大きな人生への報酬となる。しかし、実は「ごほうびというのは、現状とゴールの差であり、この差を乗り越えたとき快感が得られる。この目標をあまり高くすると達成するのは難しい。はじめは小さな目標として達成するクセをつくるのがよい」という。「瞬間断酒」、そして「一日断酒」、それから徐々に断酒継続が伸びはじめる。

④スイッチⅠ　なりきる。

淡蒼球も連動する。スイッチⅠはなりきることである。なりきっている淡蒼球から、やる気が続く。「念ずれば通ず」の心境といえよう。

断酒継続に真剣に取り組んでいる人は、目が生き生きとしていることを筆者は実感している。「なりきることによって前頭葉が活動して淡蒼球も活性化する。こっそりとなりきってしまう」のである。

よくア症者は自分の部屋に「断酒信念」「断酒こそ我が命」などの貼り紙をするが、その効果について質問を受ける。筆者は脳科学から考察すると、この貼り紙には効果が期待できると考える。すでに述べたように、「その気にさせる」「なりきる」ことの効果に注目したい。

貼り紙も見慣れるとマンネリ化が生じて、徐々に意識が希薄化するが、無意識の脳は、いつまでもきちんと見ているという。筆者はこの無意識は、意識に比べてはるかに強く、貼り紙を見て念ずれば通ずとなると考える。「なりきることによって前頭葉は活動し淡蒼球にも活性化が起こる。実際にこっそりその気にさせてしまう」のである。

自分の部屋に「断酒信念」などの貼り紙をするのは恥ずかしいと思う人がいる。そう思うこと自体、意識の中で「俺は断酒などできるはずがない」ととらわれている証拠で、そういう人には断酒は無理であろう。「断酒信念」と貼り紙をして「なりきる」ことが文字どおり断酒信念となり、断酒継続につながると筆者は期待したい。

〈ケース1〉

A氏は六回入退院をくり返し、その間に会社をクビになり、離婚して独身生活を続けている。筆者は彼に「ア症者は脳内に瞬間湯わかし器がとりつけられた状態と思えばよい。いったんアルコールを口にすると自己コントロールできずに、酒に呑まれてしまう。端的に言うと、この病気は、一杯飲めば地獄酒となる。あなたはまさしく瞬間湯わかし器であることを認識して退院してもらいたい」とわかりやすい例で訴えた。この言葉が脳に刻みこまれて、自己決断と信念となったようで、今日まで断酒八年を経過している。

〈ケース2〉

B氏は十六歳から左官の弟子入りをして以来、三十五年間飲酒し、内臓疾患で内科の入院歴がある。アルコール専門病院には、五十一歳で初めて入院し、三カ月間の治療をうけ退院した。三カ月間の短い入院で酒の害、罪を懺悔し、断酒会で体験発表し、ア症の病理について真剣に学び、「酒を取るか命を取るか、一杯飲めば地獄酒」と断酒を決断し、現在、七年の断酒継続中である。その間に左官はやめて、飲酒友達との縁を切り、配達業務に職を変えている。

「酒の罪」を懺悔して断酒信念を守ることで健康は回復し、家族からも明るくなった、と喜ばれている。彼曰く「長年飲んできた酒だから断酒できないと思っている人は断酒はできない。私も三十五年間も多量の飲酒をしてきたが、一回の入院治療でも、自己決断と信念によって断酒はできる」と断酒会で訴えつづけている。

断酒は苦行で辛く厳しい。仏教で説く「業」は宿命的なものと考えられがちで、親がアル中であれば子どもや孫もアル中になると世代連鎖についてよく聞く。しかし「断酒こそ、わが命」「断酒決断と信念」を日々念ずることが無意識を強化すると筆者は考えている。断酒が三日坊主となるか、断酒継続となるかは、この無意識によって決まるのではあるまいか。

池谷裕二先生は、「淡蒼球は、やる気、気合、モチベーションなど日常生活において基礎となるパワーを生み出す脳部位である。すなわち、やる気は、誰にも出せるぞ、というのが『のうだまやる気の秘密』のポイントである」という。「淡蒼球が動き出すためには外からの刺激が必要である。BE

ＲＩの四つのスイッチというポイントさえきちんと理解してしまえば、やる気、継続力は自分のモノにすることができる」と教示されたことを改めて強調しておきたい。

4　懺悔と決断

懺悔とは、悪事を犯したことを反省し軌道修正することだと筆者は教えられた。

ここに述べた無意識と意識に関連して、フロイトの学友ユングは「潜在意識は、個人の潜在意識と万人共通の潜在意識によってお互いに結びついている」と集団的無意識を明らかにした。

物事を理解するとき、頭だけで理解していることが多い。これは、表層意識（意識）のための理解であって、潜在意識（無意識）からの理解ではない。意識で理解しても、無意識裡に「長く飲んできた。断酒できるはずはない」と心の奥底にうごめいているかぎり、断酒はむずかしい。この無意識は強力で一筋縄では断酒はできず、断酒会に参加していても、夫婦げんか、上司から叱られた、パチンコで負けたなど、ささいなことでせっかくの断酒もスリップしてしまう人たちを多く見てきた。しかし、この世に生をうけ、共に健全な生き方に向かって助け合うという長年培ってきた無意識の力を信じ、無理せず、瞬間断酒、一日断酒と進んでいきたいものである。

おわりに

断酒の知恵の中軸として、脳科学による『のうだま――やる気の秘密』を引用させていただきました。著者に心より厚くお礼申し上げます。なお、久留米大学大学院高次脳疾患研究所教授森田喜一郎先生の下で筆者も脳科学を研さんし、断酒の知恵に取り組んでいく所存です。ロールレタリング施行中の酸素ヘモグロビン（Oxy-Hb）変動を監察することによって検討することをご指導願いたいと思っています。

（二〇〇八年）

〔引用・参考文献〕

猪野亜朗『アルコール性臓器障害と依存症の治療マニュアル――急増する飲酒問題への正しい対処法』星和書店、一九九六年、六四頁

G・リゾラッティ、C・シニガリア著、柴田裕之訳、茂木健一郎監修『ミラーニューロン』紀伊國屋書店、二〇〇九年

白石哲也「人生を生き抜く知恵を求めて」聖教新聞、二〇〇九年九月一三日付

篠原菊紀「仲間との交流は最高の「脳力」アップ法」『第三文明』二〇〇六年四月号、二〇頁

高畑好秀「『自分らしさ』が緊張感を楽しむカギ」『第三文明』二〇〇六年五月号、六八頁

上岡トメ＆池谷裕二『のうだま――やる気の秘密』幻冬舎、二〇〇八年

春口徳雄『断酒の教科書――酒人を呑む』佐賀新聞社、一九九六年

13章 うつ病患者に対するロールレタリングの効果
――多チャンネルNIRSを用いて

岡本泰弘（久留米大学大学院高次脳疾患研究所）、森田喜一郎（同）、春口徳雄（大分友愛病院）

【目的】

ロールレタリングは、自己から他者へ、他者から自己への往復書簡を行うことで、客観的なものの見方を促し、自己安全機能の育成を行う上で、非常に有用な技法である。原節子・中村延枝・桂戴作（一九九五年に発表）・岡本茂樹（二〇〇八年に発表）は心身医療現場において、摂食障害の成人女性に面接とロールレタリングを併用することで、自己と他者と相互の関係性を客観視することにより現実検討能力が育ち症状が改善されたと報告している。

そこで、この種の客観視を促進するため、ロールレタリングを中程度のうつ病患者に一年間実施し、その効果を、先進医療「うつ症状の鑑別診断補助」として承認を受けている近赤外線スペクトロスコピー（NIRS）を用いて、ロールレタリング施行中の酸素化ヘモグロビン（Oxy-Hb）変動を観察することによって検討した。

【対象】

対象者：男性、四十三歳、中程度うつ病
【方法】

週に一回のロールレタリング（身近な人物をテーマ）と抗うつ薬（ルジオミール一〇mg三錠）パキシル（一〇mg二錠）の投薬を行った。ロールレタリング実施前と六カ月後、一年後のロールレタリング遂行中の酸素化ヘモグロビン（Oxy-Hb）の変動を検討した。ロールレタリング課題とコントロール課題を交互に三〇秒ずつ五回施行し、その間の局所脳管血流を加算平均し、Oxy-Hbを測定した。さらに、本人の同意を得てロールレタリングの内容を記録した。なお、本研究の主旨を書面にて説明し、同意を得て検査等を施行した。本研究は久留米大学倫理委員会の承認を得ている。

【結果】

ロールレタリング前と六カ月後では、Oxy-Hbは健常者と異なる変動を示した。しかし、一年後では、返信「〇→私へ」で、右側の測定部位でOxy-Hbは有意に減少し、われわれが先行研究で健常者を対象に行った結果と同様な変動を示した。ロールレタリングと投薬により、うつ病症状が軽減し、仕事を通常に行うことができるようになり、社会復帰を果たした。

【考察】

ロールレタリング（返信「〇→私へ」）の回数を重ねていくことで、健常者と同様に、客観的自己を観察していくことができるようになっていったものと考えられる。

（二〇一〇年）

14章　あるアルコール依存症者の人生脚本
――自分らしくなったとき断酒は身につく

あるアルコール依存症者は断酒して七年を過ぎた。「私は自分らしくなったのであろうか」と筆者に語ったあと、「私は高校の同窓会に二十年ぶりに参加した。高校時代と同じく相変わらず歯に衣を着せずズケズケ言う者、ニコニコしておとなしい対話をする者をみて、二十年前と同じで、人間は本質的には変わらないのだな、と思った。しかし、私はすでに三十歳前にアルコール依存症となって変わり果ててしまっていた」とため息をつかれた。

彼の話によれば、父は将来を約束されたエリートであったが、敗戦という挫折で栄達の道を断たれたという。父は自分の願望をわが子に託した。自分は常に大人の間で育ち、近所の子どものように夢中で遊びまわることのできない受験教育中心の生活環境の下にあった。言わば、「子どものようにのびのびと楽しむな」という禁止令を受けて育ち、少年期以降は、親の期待にそうよう努力せよ、との指令の下に生きてきた。禁止令とは、両親が無言のうちに子どもに発する一種の呪いであり、人生の脚本の形成に最も大きな影響をもつ。子どもは三、四歳ごろまでに、この両親の呪いを感じとり、無意識のうちに自分の人生の脚本に組み入れていくことになる。脚本の最初の部分は、三、四歳ごろまでに両親、とくに母親との交流を通して得られるストロークが欠如するとき、ほとんど無意識に書かれることが多い。

すべて親の言うとおりにはならない、だが親の指示どおり我慢してやれば親は誉めてくれる、可愛がってくれるのだ、と幼児決断が形成されたのであろう。これを親は知るよしもない。息子は親の顔色をうかがいながら、誉め言葉も心から喜べず、親に期待されるままに歩み続け、人生の脚本が無意識に形成されていったのであろうか。

親の顔色をうかがいながらイイ子ぶりを演ずる反面、内心では自由きままに遊びたい、という欲求が生じる。この葛藤を意識下にぐーっと押さえ込んでの生活は、成長するにつれて息苦しさを感じたものの、表の自分は親の期待に見事にこたえ、一浪して一流高校に合格した。一流の高校・大学卒の父親の下、幼少時から小・中・高校までの十年間、親の指示を「うのみ」にして一流高をめざし、表面では弱音もみせず、親の威厳におされ苦しい坂道をあえぎあえぎ登っていく彼の姿が彷彿させられる。戦時中、「ほしがりません勝つまでは」「ガソリンは血の一滴なり」「克己と忍耐」のきびしい社会環境で育ってきた父親とは対象的に、「自由主義」「浪費は美徳」「飽食社会」といった相反する価値観のはざまに立たされた患者は、父の価値観をそのままコピーして生きることの息苦しさを感じていたに違いない。

一日も早い親の束縛からの解放を望んだ彼は、地元の国立大学を選ばず、遠く関東の国立大学を受験し、浪人ののち見事合格している。同時に彼は、父親の「親の期待にそうよう努力してくれ、親を喜ばしてくれ」という励ましに応えて苦しみの末にやっとその責任を果たしたのだった。

十年間にわたる勉学・努力・我慢の身を包んだ制服と親の願望・期待を詰め込んだリュックサックを背負い上京した彼だったが、入学するや、それらの縛りをかなぐり捨てるように勉学を放棄し、大学での自由な雰囲気を享楽したのであった。同窓会・歓迎会といった解放された雰囲気の中で、彼はアルコールの魔力に陶酔したかのように飲みはじめたという。

親からの送金は酒代に変わり、解放された自由奔放な都会生活は十年にわたる抑圧、緊張と努力、強制のあしかせを放棄するには恰好の場所であった。これをゲシュタルト療法では一種の投影（自己の内部にとどめておくことが不快なものを外に出してしまう機制）「うのみ」の逆と考える。また、自分の希望や願いを抑え、親の期待に迎合して生きることは、子どもにとっては抑圧そのものにほかならない。これが限界を越えたと感じたとき、親への反感となり自己を傷つけ自我崩壊の道に陥っていくのを反転行動という。勤勉・努力への道を放棄して学業も進まない。親の期待とは裏腹な行動に陥ったとき、学生なのか、フリーアルバイターなのか、放蕩浪人なのか自分の自我状態があやふやな生活と化したのである。これは自我の融合といえよう。彼は、やっと大学を卒業し就職した。青年期における多量飲酒はアルコール依存症になりやすい。アルコール依存症と診断され入院し治療を受けたが、飲酒運転や酒のトラブルで失職している。断酒は容易ではなく入退院のくりかえしであった。

しかし、現在、断酒会に参加し断酒を七年維持している。彼は「父が死去してから何となく自然に断酒ができている感じがする。この心理の変化は何だったのだろうか」と筆者に問うた。筆者は、「あなたはこれまで父親の願望と期待のこもった重い熱いポテトを無理に抱かされ続けてきた。しかし、父親の死を転機としてこれを投げすて、精神的呪縛から解放され、本来の自分らしさを取り戻し、断酒が自然とできるようになったのではないだろうか」と彼と話しあった。

この青年は、父親から熱いポテトを無理に抱かされ、父と子の長年にわたる心理的ゲーム（うのみ・投影・反転行動・融合）を延々と演じてきたのであろう。アルコール・薬物依存患者の中にはホットポテト理論で解釈できる症例に出会うことがある。このホットポテト理論を理解するために和田迪子『万能感――奢りと泣き寝入りのメカニズム』（新潮社、一九九七年、一二六―一三〇頁）を引用させていただく。

私は織田信長と明智光秀の関係をＮＨＫテレビ番組で分析して、二人の関係は「奢りタイプの万能感」と「泣き寝入りタイプの万能感」が複雑に混ざり合ったものと思えた。そんなことから今日の私たちの日常生活の中を見てみると、この二つの万能感の相互作用が見事に絡みあっている。（中略）ホットポテトというのは、子どもの遊びから取った名前である。アメリカの子どもたちが輪になってポテトを回し、音楽が止まった時にポテトを持っていた子どもが罰ゲームをするという遊びである（中略）。

〔Ｆ・〕イングリッシュは、支配者の心の中にある抑えがたい内部のどろどろした欲望が、巧妙かつ魔術的に被支配者に受け渡されると考えた。熱々のホットポテトを抱えた人が持ちきれなくなり、「熱い、熱い」と言って、周りの誰かに渡してしまう光景を想像してほしい。支配的人間の心の中にある未解決の問題すなわちホットポテトが、支配されやすい立場の人間に投げつけられるという考え方である。彼女は支配者を投げ手（ドナー・提供者）、被支配者を傷つきやすい受け手（レセピエント・受給者）と呼んでいる。

この受け渡しのプロセスはほとんど無意識のレベルで行われ、巧妙かつ魔術的である。つまり本当のホットポテトとは違って、「熱い、熱い」とも言わずに渡されてしまうのである。投げ手はホットポテトを受け手に渡した途端、それまでの呪縛から解き放たれたような解放感を味わう。彼らは自分が持っているフラストレーション、恐れ、罪悪感、言いようのない非合理な強迫観念などの「呪われたもの」を、誰かに渡してしまいたいと常に思っている。呪われたものは、誰かに渡すと一時期ホッとして解放された気持ちになる。しかし、渡しても渡しても次々と心の中でホットポテトは湧き上がってくる。それから逃れたいという魔のような思い込みで、ホットポテトは受け取ってしまいやすい相手を探す。これが行動面では、支配的な立場となって投げ手になる。「奢りタイプの万能感」に取りつかれた人たちは、ホットポテトの投げ手である。

一方、ホットポテトの受け手は、非常に傷つきやすく支配されやすいタイプの人である。彼らは受け取ったホットポテトを、自分の中で抱えなければならないという、魔のような思い込みをもっている。（中略）

ホットポテトの授受は、いろいろなところで見られる。親と子、夫と妻、上司と部下、先生と生徒、いじめっ子といじめられっ子、治療者と患者、教祖と信徒、そして政治家や官僚と国民などである。このどちらの立場に自分がなりやすいかをハッキリ判断することが、問題解決の糸口になる。どちらか一つの立場を持っていると感じたら、二つの万能感のうちのどちらか一つが働いていると考えたほうがよい。

前述の青年がホットポテトから逃れようとして上京し、途中でアルコールに手を出したのは無意識にとったやむを得ない自己防衛の一つの手段であったであろう、と考えられなくもない。現在、人生を遠回りしたものと後悔しつつ黙々と断酒し、ある目標に向かって社会人としての道を歩んでいる姿は、まさしく「自分らしくなった姿」なのであろう。「可愛い子には旅をさせよ」という格言がある。可愛い子を手元におけば、どうしても願望を託し過干渉となりホットポテトを与えかねない。これを避けるために、親元から離し自立性をつくることが賢明である、という意味であろう。

さて、ホットポテトを投げられて、「泣き寝入りタイプの万能感」の光秀と対照的な豊臣秀吉について私見を述べてみたい。

光秀は信長から投げられたホットポテトを抱き続け、遂に長年にわたる忍従の緒が切れ、これを投げ返した本能寺の変は、戦国時代を震撼させた大事件であった。そして、光秀の三日天下は終わった。しかし、傲慢な独裁者信長は、光秀ばかりでなく、秀吉に対してもホットポテトを投げ与えていたことは数々の難題を与えていたエピソードからも想像に難くない。これに対し秀吉は、投げ与えられたホットポテトが重く熱ければ熱いほど信長の信頼のあかしと受けとめ、これを克服することが野望を達成するためのバネと覚悟を決め、厳しい試練を乗り越えてきたのではあるまいか。その背景には、彼の人生脚本や性格などが強く影響を与えていることは否定できないであろう。

幼少時から極貧と逆境の試練から得た知恵が、秀吉の人生の脚本に組み込まれ、徐々に強靭な自我(現実検討能力・欲求不満耐性・自己規制・柔軟性・統合性)が自己同一性を形成し、たくましく生きる力などを身につけてきたのであろう。それゆえに、信長から投げ与えられた重い熱いポテトといえども「わがものと思えば軽し傘の雪」と受け取り、奢りと傲慢なタイプの万能感をもつ信長に忠誠を尽くし、遂に天下人となったのであろう。

「ホットポテトの受け手は非常に傷つきやすく支配されやすい。受けとったポテトを自分の中で抱えなければならないという魔のような思い込みをもっている」という。しかし、秀吉はホットポテトを受け取っても、深く傷つき支配されなかったタイプの人物であったと考えられる。

さて、現代に目を向けよう。最近、社会を震撼させるような青少年の犯罪のニュースが相次ぐ。幼少時から優秀な成績で小・中・高校を進学し、大学卒の青年が自動車で群衆の中に突っ込み殺傷事件を犯した事件や、小・中校をトップクラスで進学したが、高校受験に挫折し「社会をアッといわせたい」とバスジャックに走った少年。彼らの背景には、次のような心理が作用しているのではないだろうか。

①乳幼児期における基本的安定感の欠如
②親子関係の愛情と信頼のストロークの欠如
③ホットポテト理論による心理的な抑圧
④対人関係の適応不全による葛藤と苦悩
⑤親から「もっと努力せよ、親を喜ばせよ」と駆りたてられ、それに答えようと努力し優秀な成績をおさめていた自分を狂気扱いして入院させた家族への憎悪と怒り
⑥クラス連中からいじめを受け、学習阻害による受験失敗に対する怨念と復讐など有害な脚本メッセージが複合し、自我を汚染または除外し自我崩壊を誘発したもの

健全な自己実現をめざして生きる多くの青年の陰には、根なし草のように放浪するアルコール・薬物・ギャンブルに依存する者や暴走・傷害などを行う若者もみられる。彼らに重い熱いポテトを投げ与えようものなら、即座に投げ返すか、逆にそれに抑圧されてつぶれてしまうか、さらにはこれをさけて逃げ惑うか、いずれにしても嘆かわしい想をめぐらさざるを得ない昨今である。その卑近な例として、部屋の温度が摂氏二十五度以上になれば暑い暑いと訴え、十五度以下になれば寒い寒いと不満を言う。常時快適な温度にセットされていなければ、欲求不満が嵩じ我慢できないという若者のご時世になりつつある。

心身一如という心身医学の視点から、文明の発達につれ人は心身ともに弱体化することが危惧される。それを証明するかのように、高校一年生の生徒がアルコール依存症という診断を受け入院。中学

一年のときからいじめられ、睡眠薬代わりに酒を飲んでいたという。三十歳の青年がシンナーとガソリン吸引で入院。十八歳の女性が覚せい剤と摂食障害で治療を受けた等々、新聞・テレビなどで心身の悩みを訴える人生相談が多く見られ、いよいよ我が国にも本格的な精神科医療時代の到来が懸念される。重い熱いポテトに耐えるような秀吉タイプの自我を望むべくもないが、せめてさほど重くも熱くもないポテトを投げ与えられても、「キレない」「圧しつぶされない」、また、「社会をあっといわせたい」など、ピントの狂った自我崩壊を起こさせないだけの人生脚本の土台作りの必要性が今ほど問われる時代はないであろう。

エリック・バーンは、「人生脚本を無意識の人生計画と呼び、それは、我々の子供時代の早期に両親の影響の下で発達するものである。二〜八歳ごろの子供が両親のメッセージに対して行うとされる、『これからの人生をこう生きよう』という決断によるものである。その後、脚本は書き換えない限りわれわれは無意識のうちに、この脚本に基づいて人生を送る。すなわち、大学・就職・結婚などの人生の重大な岐路に立たされ決断を迫られるとき、子供時代に書いたシナリオに基づいて行動を指図され、また、その行動が脚本をさらに強化していくのである」という。

昨年来十七歳の犯罪が世間を騒がせているが、幼少時から十五〜十六歳までに健全な自我の育成を図り、キレない、つぶれない、ピントの狂わない十七歳になってもらいたいと願わざるを得ない。

この人生の脚本形成は、家庭教育と学校教育の領域で重要な課題なのである。とくに筆者は、家庭教育は人生脚本の基礎作りの場であることを精神医療の臨床現場から訴えたい。

「ホットポテトの受け渡しとエピスクリプト」は、筆者に人生脚本作りに貴重な教示を与えてくれたので紹介した次第である。（一九九七年）

［注］

1　エピスクリプトとは、親が子に与える特別に有害な脚本メッセージをいう。

2　パールズは自己と他者の境界障害として「うのみ、投影、反転行動、融合」の四つの行動をあげている。

［引用・参考文献］

一九九七年、エリック・バーン記念受賞スピーチ「ホットポテトの受け渡しとエピスクリプト」受賞者ファニタ・イングリッシュ、原野義一訳

和田迪子『万能感――奢りと泣き寝入りのメカニズム』新潮社、一九九七年

杉田峰康著、TAネットワーク編『交流分析の基礎知識TA用語一〇〇』チーム医療、一九九六年

15章　怒りの日記を書いて活路を見出す

怒りの日記を書けば、どんな効果があるのだろうか。筆者は、『ガンディーを継いで』（塩田純著）を読んで深い感動を覚えた。その一部を要約、引用させていただく。

インドのガンディーの孫アルンは十歳のとき南アフリカで、肌の色が気に入らない、という理由で、白人と黒人両方の若者たちから暴行をうけた。アルンは非常に腹がたち、早く大人になって、どんな奴でも殴ってやれるくらい強くなりたいと思った。『目には目を』こそが正義だと考えた。これを聴いた両親は、アルンをガンディーのそばに置いた。ガンディーは怒りをいかにやり過ごすか、諄々と説いた。そして怒りの日記を毎日つけるように諭した。それによって怒りが生み出すエネルギーを使って、解決策を見出すことを促した。

筆者は「怒りの日記」を試行してみることにした。アルコール依存症と診断され、入院治療を受ける患者と話していたら、「スナックで傷害事件を起こし、服役した」と打ち明けられ、その経緯を傾聴した。彼は「スナックで飲んでいた先客の隣に座って気楽に話し、飲んでいました。お互いにほろ酔い機嫌になり、酔いがまわり先客の声が大きくなり、怒りの感情を訴えはじめました。そして急に私に反発するかのようにさらに大きな声に変わりました。それが私の父の声のように聴こえ、フラッシュバック（幼少の時の外傷パニック発作としての幻覚妄想）が生じ、カウンターにあった果物ナイフでその先客の胸を刺し、傷害事件で服役しました。今度同じ事件を起こせば重い刑罰を受けると言われ、きびしく反省しています」と神妙に話したのである。

『ガンディーを継いで』を引用させていただく。

ガンディーは、怒りの日記を毎日つけるようにアルンに諭した。

「怒りを覚えることがあったら、それをすべて日記に書き出しなさい。ほかの人や、ほかの何かにそれをぶつけてはいけない。私たちは怒りを覚えると、必ず誰かにそれをぶちまけたり、誰かを殴ったり何かほかのものにあたったりする。だが、そうする代わりに、すべてを日記に書き出すのだ。解決の糸口を見つけるために書くのであって、怒りを持続させるために書くのではない」

アルンはこう振り返っている。

「祖父から学んだことはとても大切な教訓だと思っています。（中略）日記は私の感情の教科書となりました。（中略）すべてを思い返すことができます。ただ怒りを感じるだけだったり、暴力を振るったり、人を殺したり、ものを壊したりする代わりに、一歩踏みとどまって、もっと根本的な問題の解決策を見出すのです」

筆者は、このア症者に怒りの日記を導入し、今後、傷害事件を起こさないように、怒りの日記を書くことをすすめたのである。

患者の怒りの日記の一部を紹介させていただくが、個人のプライバシーを尊重するために細心の注意を払い、氏名、住所などは匿名とし、その怒りの状況についても省略し、ほんの一部にとどめたことをご了承願いたい。

〈怒りの日記〉

父親は、ギャンブルにあけくれ、生活も貧しく、パチンコに負けると父は自分の洋服を質屋に入れて金を借りてこいと訴え、それを質屋に持っていっても貸してくれず、それを父に話すと怒り「そのお金はお前が使っただろう」と暴力を振るう。父が恐ろしくて胃が痛み、ドクターの診断では胃潰瘍と言われ、治療をうけた。家にいるのがイヤで家出し、シンナー、ボンドを吸引し補導されたこともある。父が寝込んでいるとき、父を殺してやりたいと思ったこともある。

この怒りの日記を、二カ月間書きつづけた。その間、一週間に一回の面接をつづけてきた。筆者が日記を読まない、見ないことを前提として日記を書きつづけてきたために、日記を書いている彼の気持ちを傾聴して内心を受容することに努めた。受容とは相手がそのような症状や問題行動という形でしか自己表現できなかった心情を受けとめ、さまざまな歪んだ、ひねくれた、突っぱった形で表現している行動の背後にある憎しみ、悲しみを認めてあげることである。さらに、それらの感情の生じた背後の彼の欲求を、そういう形でしか表現できなかった辛さを受容することにした。

彼は、怒りの日記を書きつづけているうち、次のように話すようになった。

「父親も幼いときから貧乏暮らしで、小、中学校もまともに行けず、いろいろと手伝いや仕事をさせられ、資格、免許をとる学力も身につかず、社会に放り出され、ギャンブルに手を出したのであろう、と考えさせられた。父親も私と同じく被害者であり、落伍者であったのです。そう考えてみると父親にも同情心が湧いてくる。私も今までも傷害事件を起こし、両親を苦しめてきたことに気づきました」

筆者はこの言葉を聴いた瞬間、「親子だから、常に自分を傷つけることを、正当化の手段としてきたのであろう」（加藤諦三先生）という言葉が胸に強く残る。さらに「深刻な劣等感に苦しんでいる人なども、自分の怒りの感情に自分が接していないのである」（加藤諦三先生）という言葉も強く胸に響いた。

患者は怒りの日記を書くことで、はじめて自分の深刻な劣等感を自覚し、それに苦しんで問題行動に走ったことに気がついたのではあるまいか。しかし、怒りの日記を二カ月間書いただけで、怒りや復讐などの根本的な解消を期待するのはまず無理なことではあるまいか。

怒りの日記を書き障害事件を懺悔し、社会生活に入ったとしてもいまだ未処理の親の虐待によるトラウマの影響が懸念される。今度は、あらたな人間関係などがもたらす不安や苦悩によって起こりうる問題行動への対応も必要となる。患者はロールレタリングを導入しているが、早々に社会復帰していかれ三年を過ぎたが音信もなく、予後を知るためクリニックに問い合わせたところ、診察にもきていないという。筆者としてはお会いできたら今後の対応についてよく話し合いたいのである。

筆者は、患者の社会復帰のためのロールレタリングの導入を期待している。ロールレタリングについて、参考のために紹介させていただきたい。

悩み、苦しみ、迷うときの活路を見出すロールレタリング

いじめ、不登校、職場の悩みなどで苦しみながら一言も語れずに遺書を残して逝った者に、家族は愕然となり、なぜ早く辛さ、苦しさを訴えてくれなかったのかと嘆き悲しむ。今日ほど、自己の内心に潜む苦痛を、自らの声で語らしめる必要性を強く求められている時代はないであろう。筆者の『ロール・レタリング入門』は、小、中、高校生や社会人が抱える、抑うつ、不安、不登校、出社拒否、またアルコールや薬物依存などの悩みに対する救いの一助として出版したのである。

ロールレタリングとは、問題を抱える本人自身が自己と他者の役を演じ、自分から相手に、相手から自分に、という役割を通じて往復書簡を書くという対話方式の心理療法である。この書簡は人に見せない、読ませないということを原則としているため、内心をあるがままにぶつけることができ、またそれを読み返すこともでき、保存、廃棄も自由である。その過程において、「書くために想起する、思考する、書く、読む、自己対話する、洞察する、気づく」という精神作業を行いながら、①心のしこりを和らげる、②心のしこりの内容を表出する、③心のしこりを明確化する、④心のしこりと対決

する、そして、⑤心のしこりが取れ自己の問題性に気づくことになる。この気づきこそが自己治療そのものである。

本法は専門性を要求せず、設備、器具なども不要で、一冊のノートと筆記用具があればできるため、各年齢層、普通の自我状態の人も含め、誰でも、どこでも、いつでも可能である。いじめなどの問題に対処するため、学校教師が集団カウンセリングの方法として活用したり、自己の進路、性的な悩み、人間関係、アルコール依存などの問題を抱える人たちに個別カウンセリングとして適用されるケースもある。理論的背景としては、往復書簡形式を取る「役割理論」、交流分析を導入することにより人間関係を調整する「対象関係理論」、想起し、感じ、思考し、書くという作業を通じての「認知行動療法」を柱としており、心理療法として信頼できるものと確信している。

（一九九八年）

〔引用・参考文献〕

塩田純『ガンディーを継いで――非暴力・不服従の系譜』日本放送出版協会、一九九八年
加藤諦三『自分に気づく心理学――幸せになれる人、なれない人』ＰＨＰ研究所、一九八七年

16章　ロールレタリングによる生と死の教育
――中学校における実践報告

才田幸夫（中学校教諭）・春口徳雄（医学博士）

一　主題の意味

1　「生命を大切にし、力強く生きる心」とは

生命を大切にするとは、自分自身はもちろん、他者の生命も尊いものであるということを認識し、毎日の時間を大切に生きることである。そして、力強く生きる心とは、生きることに対して希望を持つものであり、困難な場面に遭遇したときにもそれに立ち向かう強さや、挫折しそうになったときにも将来の目標に向かい積極的に努力していく強さに支えられる心である。本研究では「生命を大切にし、力強く生きる心が育った生徒」の姿を次のように捉える。

〔生命を大切にし、力強く生きる心が育った生徒〕

①生きている自分自身、と他者の存在を大切にすることができる。

②生きることに対し希望を持つことができる。

③将来の目標を持つことができ、その達成のために積極的・主体的に生活することができる。

2 「ロールレタリング（Role Lettering）」とは

ロールレタリングとは、役割交換書簡法と呼ばれているように自分から他者へ、他者から自分への手紙のやり取りを自分一人で行う自己カウンセリングの手法の一つである。そして、書いた内容は自分以外誰も見ないことを約束し、思うままに書かせることが必要である（具体的なロールレタリングの実施方法については研究の実際の中で説明を行う）。

ロールレタリングを行うことにより次の効果が得られる。

①文章にすることによる思考・感情の明確化
②自己カウンセリングの作用
③カタルシス（浄化）作用
④対決と受容
⑤自己と他者の双方からの視点の獲得
⑥自己に対するイメージの脱感作
⑦これまでの自己の非論理的・不合理・自己敗北的な思考への気づき

3 「ロールレタリングによる生と死の教育」とは

これまでに、春口・原野らにより、「遺書による生と死の教育」の研究が行われてきた。しかし、精神的な発達が十分でない中学生に生と死の教育を行った場合、自殺念慮の懸念や批判もあった。しかし、ロールレタリングを行った場合、現実吟味能力と感情移入的理解・共感性が向上するという臨床結果が得られている。これは、ロールレタリングでは一方的に自分の感情のみを表現するのではなく、他者の立場に立つことで客観的に自分自身を見つめ冷静な判断をすることができ、相手の身になって考え、感情を理解することができるためであると考えられる。つまり、ロールレタリングによる生と死の教育の場合、生徒の考えが自殺という現実からの逃避へ向かうのではなく、現実を冷静に判断し、それに立ち向かう心が育ち、双方の往復書簡の過程で感情移入的理解が徐々に深まるからであるといえよう。また、ロールレタリングは教師が生徒に対し、一人ひとりに直接話をするのではなく集団を対象として一斉に指導が行えるという点でも、学校での集団カウンセリングに適していると考えられる。

本研究では、生徒の心理的な発達またはロールレタリングのテーマの設定を以下のような三つの段階に分け、生と死の教育を行う（表1）。「死」を通して「生きる」ことを考えさせる教育は必要であるが、これまでに生徒は「死」というものを深く意識していないと考えられる。そのため、まず、ロールレタリングⅠとして「生きたい」と願う人の立場から死について考えさせ、「死」を意識させながらも生命の尊さを感じ取らせたい。次に、ロールレタリングⅡとして「死にたい」と考える人の立

表1　ロールレタリング(RL)による生と死の教育のテーマ設定における段階

段階	内容	目的	RLテーマ(例)
RLI〔道徳〕	死について考える1 死と闘う人々の立場から	積極的に生きたいと願う立場から生命の大切さを考えさせる	難病と闘う人からの手紙
RLII〔道徳〕	死について考える2 自殺を考える人々の立場から	現実から逃避せず、問題と対決しようとする強い心を育てる	いじめに苦しみ、自殺を考えている友人からの手紙
RLIII〔学活〕	生について考える 将来の希望について	将来の目標を持たせ、自分が何をしなくてはならないかを考えさせる	十年後の自分への手紙 臓器提供者からの手紙

場から死について考えさせ、困難な状況でもそれから逃避せず、立ち向かおうとする強い心を育てたい。ロールレタリングⅠとロールレタリングⅡの順序性については、生命の尊さを感じ取らせる以前に「死」について考えさせることは「死」を美化し、そこに逃避しようと考えさせるおそれがあるためである。そして最後に、ロールレタリングⅢとして生と死を止揚・統合し生命の尊さを認識させ、これから自分がどのように生きるのかということを考えさせることで、将来の目標を持たせたい。

二　主題設定の理由

1　社会的背景から

現在、中学生による不登校・いじめ・自殺等のさまざまな問題行動が社会的な問題となっている。また、非行の低年齢化が進み、万引・バイクの窃盗・暴力事件・殺人等の少年犯罪も増加の一途にある。これらの問題に対して、中学校では問題行動が発生した後の指導は行われてきたが、それを未然に防止する指導が十分に行われてきたとは言えない。生徒の発達段階に応じて、「生きる」ということを真剣に考えさせ、希望や目標を持たせ、その達成のために積極的に行動しようとする生徒の育成が必要と考える。現在の生活環境から、生徒は「死」を身近なものと考えてはいない。核家族化が進み、地域との関係も薄くなり、「死」が生活の中から遠ざかってしまい、嫌なことがあると仮想現実に逃避し、生徒は自分が「生きている」ことを実感できなくなっているのではないだろうか。命あるものは必ず死ぬということを認識することで、人間はよりよく生きようとする強い心が育つのではないかと考える。

2　生徒の実態から

本校の生徒は学校生活においては特に問題はなく、落ち着いた環境で学習に取り組んでいるかに見える。しかし、校外での問題行動は多く、同じ生徒が万引・窃盗等を繰り返している。また、不登校の生徒も十数名おり、その傾向がある生徒を含めると三十名近くにのぼる。これらの生徒に共通しているのは、将来に対しての目標がなく、現在自分が直面している問題（家庭環境・親子関係・友人関係等）を解決・対決しようとせず、現実から逃避し、不登校やさまざまな問題行動という形で周囲の者に訴えかけていることである。そして、その他の生徒も、将来において特に目標や希望が持てず、漠然と毎日の生活を送っていることが多い。このような生徒に対し、自分自身の問題点に気づかせるための取り組みが必要である。つまり、問題行動の減少だけを目標とした指導では真の解決とはならず、その奥に潜む問題行動の原因を解消させるための指導こそが重要であると痛感させられる。

三　研究の構想

1　研究の仮説

生徒指導において「生」と「死」を身近に感じさせるために以下のような順序の三段階に分けたロールレタリングを行って、生徒に「生」と「死」について考えさせれば、生徒は生命を大切にし、力強く生きる心が育つであろう。

RLⅠ：「死」について考える1（生命の大切さを考える）
RLⅡ：「死」について考える2（現実から逃避しない強さを考える）
RLⅢ：「生」について考える（将来の目標を持つ）

2　研究の目標

生徒指導において、生徒に「死」について考えさせることを通して「生きる」ことを理解させ、目標を持った積極的な生活を送ることができるよう援助するための指導方法のあり方を究明する。

3　研究計画

（1）春口が「ロールレタリングによる生と死の教育――指導要領」を本校に提示した。本校の井上元生校長は以前から「生と死の教育」に注目しており、この研究に意欲的に取り組むこととなった。

（2）本研究の導入として、まず教師集団に対し、「ロールレタリングとは何か」、「ロールレタリングによる生と死の教育の意義・目的・内容・方法」について春口が講義し、理解と協力を得た。

（3）次に、保護者に対し「生と死の教育の大切さ」について啓発を行うため、春口による講演を行い、理解と協力を求めた。つづいて、全校生徒を対象に、「生と死の教育の大切さ」、「ロールレタリングとは何か」について講演が行われた。このように、「生と死の教育」に対し、教師・保護者・生徒へのインフォームドコンセントを行い、春口が提示した「ロールレタリングによる生と死の教育――指導要領」に才田が取り組むこととなった。

四　研究の内容と方法

1　実態調査

①実態調査の計画

TEG：東大式エゴグラム（備考1参照）

CMI健康調査：心の健康調査（備考2参照）

②実態調査の実施および分析と考察

◆備考1：エゴグラムについて

エゴグラムとは交流分析（Transactional Analysis）に基づく自己分析の方法である。交流分析とは自我状態（**表2**参照）の分析を行い、自分の性格上の問題点を自己分析やグループ療法によって気づき、他人との人間関係をうまくコントロールできるように学習することであり、自我状態の判定にエゴグラム（**表4**参照）が用いられる。本研究ではTEG（東大式エゴグラム）を事前の実態調査・ロールレタリングの各段階後の検証に用いる。

表2　自我状態について

「自我状態」とは自我構造の部分のうち良心（超自我）、自分（自我）、本能（エス）に関連する部分をそれぞれ親（ペアレント）、大人（アダルト）、子ども（チャイルド）の自我状態と呼び、これをP、A、Cと記号化する。さらに、P、Cを機能の面からそれぞれ二つに分類し、記号化する。（表3参照）

良心（超自我）	↓ 親（ペアレント）……P	批判的P……CP（Critical Parent）	保護的P……NP（Nurturing Parent）
自分（自我）	↓ 大人（アダルト）……A	……A（Adult）	
本能（エス）	↓ 子ども（チャイルド）……C	自由なC……FC（Free Child）	順応したC……AC（Adapted Child）

表3 各自我状態の特徴

	CP	NP
性質	偏見的 封建的 権威的 批難的 懲罰的 批判的	教護的 甘やかし 保護的 なぐさめ 心遣い 思いやり
言葉	当然でしょ 格言・諺引用 理屈を言うな 言うとおりにしなさい だめねえ バカだな ～しなくてはいけない 後で後悔するぞ	～してあげよう わかるわ 寂しいのね よくできたね 大丈夫 ～できるよ かわいそうに よかったね がんばろう まかせておいて いい子ね 心配しないで
声・声の調子	断言的 嘲笑的 猜疑的 押しつけ 恩着せがましい 威圧的 批判口調 教訓的 説教口調 非難口調	優しい 安心感を与える 非懲罰的 気持ちを察する 同情的 愛情がこもる あたたかい 柔らかい
姿勢・動作・表情・ジェスチャー	自信過剰 直接指をさす 支配的 けんか腰 他者を利用する 拳で机を叩く 見下げる 小馬鹿にする 鼻にかける 特別扱いを要求する	手をさしのべる 過保護的な態度 微笑む 受容的 肩に手を置く 気遣いに満ちている 世話をやく ゆっくり耳を傾ける

	A	FC
性質	情報収集志向 事実評価的 客観的 合理的 知性的 分析的	本能的 積極的 創造的 直観的 感情的 好奇心 自発的 行動的
言葉	まてまて 誰が？ なぜ？ いつ いくら～ どこで ～と思う 具体的に言うと 考えてみよう 私の意見では	感嘆詞 きれい！　汚い！ ～がしたい 好き・嫌い 欲しい お願い やって できない 助けて うれしい
声・声の調子	落ち着いた調子 低い・単調 一定の調子 冷静 相手に合わせる 明瞭 話し手は内容を理解している	開放的 のびのびした 大声で 自由・自然 感情的 興奮調 明るい 屈託ない 無邪気 楽しそう
姿勢・動作・表情・ジェスチャー	注意深く聞く 冷静 観察的 機械的 安定した姿勢 相手の目と合う 時に打算的 考えをまとめる 計算されている 対等な態度	自由な感情表現 活発 自発的・よく笑う ふざける ユーモアに富む 楽観的 時に空想的 リラックス 自然に要求できる 素直に甘える

AC（時に反抗的）
順応的 感情抑制 反抗心 消極的 依存的 イイ子
困るんです ～していいですか よく分かりません ダメなんです どうせ私なんか ～するつもりです ちっともわかってくれない 悲しい・憂鬱 淋しい・くやしい もういいです
ぼそぼそ口調 自信がない くどい 遠慮がち 陰がある 噛みつく 恨みがましい 時に激昂 あわれ
まともに目を見ない 気を遣う 迎合的 ため息 同情を誘う 反抗的 おどおど とり入る じめじめ 無遠慮 挑戦的

（出典：杉田峰康『教育カウンセリングと交流分析』）

エゴグラム

「エゴグラム」とはCP・NP・A・FC・ACに関わる質問をそれぞれ十問、計五十問用意し、「はい」：○→2点、「どちらでもない」：△→1点、「いいえ」：×→0点で回答・採点し、CP・NP・A・FC・ACのそれぞれで合計点を出す。その結果を折れ線グラフのようにグラフに表したものがエゴグラムである。また、質問用紙をエゴグラムチェックリストという。

TEG東大式エゴグラムは約六千人のサンプルを対象に調査を行い、標準化されたものである。そのため、点数がそのままグラフの座標を表すものではない。

◆備考2：CMI（心の健康調査）について

Cornell Medical Index の略。コーネル医科大学で開発されたもので、身体的自覚症状と精神的自覚症状について調査するためのテストである。以下のように身体的自覚症状と精神的自覚症状に関する質問項目に分け（**表4**）、それぞれの合計点数を座標に表したものを神経症の判別に用いる。一般的に数値が低い（原点に近い）ほど精神的に健康な状態と言える。その他の身体的自覚症状についての質問項目にA・B・D・E・F・G・H・K・L（呼吸器系・消化器系・泌尿生殖器系等）があるが、神経症の判別には用いられないため、本研究では検査を実施していない。

表4　CMIの質問項目について

質問項目	身体的自覚症状	質問項目	精神的自覚症状
C	心臓脈管系	M	不適応
I	疲労度	N	抑うつ
J	疾病頻度	O	不安
		P	過敏
		Q	怒り
		R	緊張

2　実証授業の計画

平成十一年七月〜平成十二年一月、大野城市立大利中学校三年一組

3　検証

（1）検証方法

①ロールレタリング・感想文の内容

「生命を大切にし、力強く生きる心が育った生徒」の姿として、以下のような内容を示す記述の有無を検証する。

・生きている自分自身、また他者の存在を大切にすることができる。
・生きることに対し希望を持つことができる。
・困難な場面に遭遇しても、それを乗り越えようと努力することができる。
・将来の目標を持つことができる。また、その達成のために積極的・主体的に生活することができる。

②TEG（東大式エゴグラム）の変容（各段階の終わり）

「生命を大切にし、力強く生きる心が育った生徒」の心理状態として、次のような自我の発達が必要であると考え、その発達の様子を検証する（表5）。また、それぞれの自我状態のバランスも重要な要素であるが、それについては研究の実際の中で説明を行う。

③CMI（心の健康調査）の変容（各段階の終わり）

本研究が身体的・精神的な自覚症状の改善に有効であるかを検証する（数値の増減の様子）。

（2）対象——学級全体

＊ロールレタリングの実施後に感想文を定期的に提出させ、必要に応じて面接を行う。

表5 TEGにおける「生命を大切にし、力強く生きる心が育った生徒」の心理的発達

自我状態	「生命を大切にし、力強く生きる心が育った生徒」の心理的発達	生と死の教育との関連
CP	・困難な場面に遭遇しても逃避せず、それに立ち向かおうとする強い心	RLⅡ
NP	・命を大切にし、自分自身・他者をいたわる優しさ	RLⅠ・RLⅡ
A	・「死」を冷静に受け止め、理解する能力 ・状況を冷静に分析し、将来の目標設定とその達成のために最善の行動を決定する能力	RLⅠ・RLⅡ・RLⅢ
FC	・物事を前向きな姿勢で受け止める能力 ・目標達成のための行動力	RLⅢ
AC	・自分自身だけでなく、他者の目標達成を援助する協調性	RLⅢ

4　研究構想図

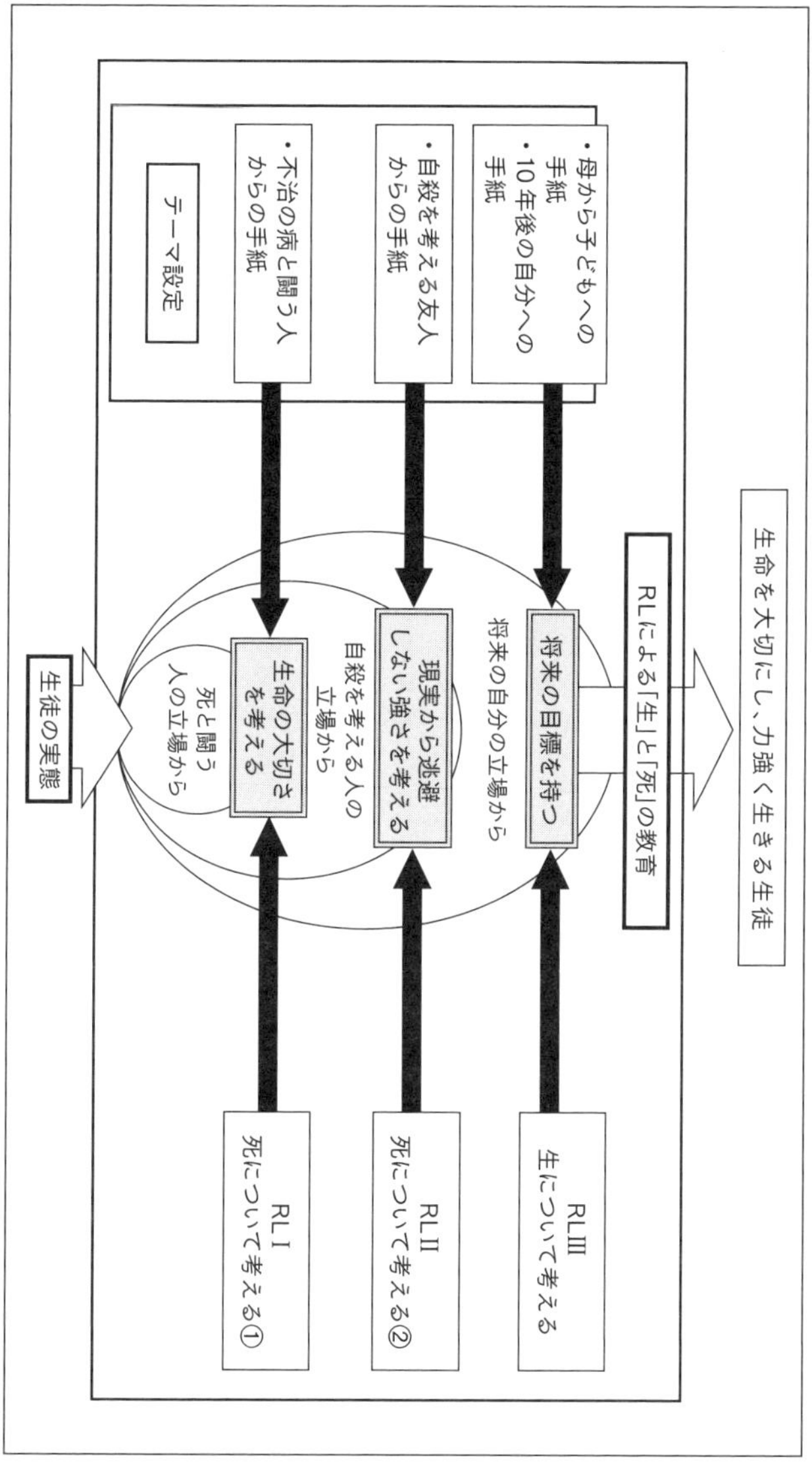
生命を大切にし、力強く生きる生徒
RLによる「生」と「死」の教育
・母から子どもへの手紙
・10年後の自分への手紙
・自殺を考える友人からの手紙
・不治の病と闘う人からの手紙
テーマ設定
将来の目標を持つ
将来の自分の立場から
現実から逃避しない強さを考える
自殺を考える人の立場から
生命の大切さを考える
死と闘う人の立場から
生徒の実態
RLⅢ
生について考える
RLⅡ
死について考える②
RLⅠ
死について考える①

図1　研究構想図

5 指導計画（全十六時間）

段階	学習内容・活動	指導上の留意点	指導の手だて	配時
導入	1・RLについて知る。 ・教師からの説明を聞き、RLについて理解する 2・RL（演習）実施	・RLについて説明を行う。 ①あるテーマにそった内容の手紙を自分から相手へ書き、その返事も相手に成り代わって自分で書く（実際に相手に出すことはない）。 ②手紙の内容は絶対に誰も見ることはなく秘密である（教師も見ない）。 ③自分が思うままに書くことが重要であり、手紙の書き方や字のきれいさなど一切気にする必要はない。 ④感想文を定期的（各テーマの終了時）に提出し、それは教師が読むことを確認する。	〈準備〉 ・ノート（生徒数分） ・箱（鍵付き）	1

《テーマ0》

進路についての悩みや不安について（自分↔保護者：一往復）

〔ねらい〕

・RLに慣れさせる。

・感情の表現が自由にできるようにさせる。

展　開	導　入
1・生と死の教育のRLI実施	
《テーマ1》 不治の病と闘う人からの手紙（主人公↔自分：二往復） 〔ねらい〕・「生きたい」と願う人の気持ちを考えさせ、生命の尊さを感じさせる。 〔資料1　「弟の死」道しるべ（正進社）〕 〈あらすじ〉筆者が小学校四年生のときに、弟を風邪が原因で亡くす。筆者は、弟が亡くなっていく様子や、その時の母親の毅然とした態度と、弔問客が去った後に母親が弟をしっかりと抱きしめはらはらと涙を流す様子を目の当たりにし、人間の生命の重さと厳粛さを感じる。弟の死は大きな悲しみであったが、筆者は大きなものを得ることができた。	・生と死の教育としてRLを行うための演習として、リラックスして書かせる（演習であることは知らせない）。 ・RLが終了したらノートを箱の中に入れ鍵をかけ、ノートは絶対に誰も見ないことを確認させる。 ＊RLのノートは毎回必ず箱に保管しておく。 《各テーマの終了時》 ◎感想文を書かせ提出させる。 ◎TEG・CMI実施
	・進路学習（上級学級訪問）を思い出させ、間近に迫っている進路選択についての不安や悩みを考えさせる。
4	1

段階	学習内容・活動	指導上の留意点	指導の手だて	配時
展開		・自分が主人公になりきって、主人公の立場から手紙を書かせる。	・資料1を読み、病気と闘う弟の姿や看病する母・主人公の気持ちを感じ取らせる。	
	2・生と死の教育のRLⅡ実施 《テーマ2》 いじめを苦に自殺を考える友人からの手紙（友人←→自分：二往復） 〔ねらい〕 ・「死にたい」と考える人の立場から生命の尊さを感じさせる。 ・困難な場面に遭遇しても自殺という現実からの逃避ではなく、対決しなくてはならないことを理解させる。 〔資料2　死因順位別に見た年齢階級・性別死亡数・死亡率・構成割合〕 厚生省ホームページより	・TEG・CMIにより、自殺傾向のある生徒の有無を確認する。該当生徒があった場合にはテーマを検討する。	・資料2を提示し、自殺で死亡する人が多いことを理解させる。	4

展　開	
《テーマ3》 母親から子どもへの手紙（提供者⟷患者：二往復） 〔ねらい〕 ・生命が自分一人のものではなく、過去から現在へ受け継がれてきたものであり、現在から未来へ受け継がなくてはならないことを考えさせることにより、生命の尊厳について理解させる。 〔資料3　ロバート・マンチ『ラブ・ユー・フォーエバー』（岩崎書店）〕 〈あらすじ〉 母親は赤ちゃんを抱きかかえて歌う。 「アイ・ラブ・ユーいつまでもアイ・ラブ・ユーどんなときもわたしがいきているかぎりあなたはずっとわたしのあかちゃん」 子どもは成長し、母親に反抗したり、成人となって独立したりするが、母親は夜中になると眠った子どもを抱きかかえ、優しく歌い出す。やがて、母親が年老いて子どもを抱きかかえられなくなると、今度は代わりに子どもが母親を抱きかかえ、優しく歌い出す。 「アイ・ラブ・ユーいつまでもアイ・ラブ・ユーどんなときもぼくがいきているかぎりあなたはずっとぼくのおかあさん」 そして、子どもは父親となり、母親が歌った歌を自分の赤ちゃんを抱きかかえ、優しく歌い出すのであった。	3・生と死の教育のRLⅢ実施
	4

段階	学習内容・活動	指導上の留意点	指導の手だて	配時
展開		・自分自身も将来は父親または母親になり、命を受け継いでいくことを意識した手紙を書かせる。	・資料3を読み、生命が受け継がれていくことを考えさせる。	
	《テーマ4》 十年後の自分への手紙（現在↔未来：一往復） 〔ねらい〕 ・未来への自分について考えさせることにより、将来に対する目標・希望・夢を持たせる。 ・理想とする自分について考えさせることにより、現在の自分に不足している点について考えさせる。	・将来の自分の姿（職業・生活・容姿など）を想像させ、その自分にあてた手紙を書かせる。		2
まとめ	《テーマ5》 目標達成のための方法について（一回） 〔ねらい〕 ・目標達成のためにこれからの自分がどのようなことについて努力しなくてはならないかを考えさせ、意欲的に生きていこうとする姿勢を身につけさせる。	・これまで行ってきたRLを振り返り、今後自分がどのように生活していくべきかを書かせる。		1

五　研究の実際

1　実態調査による《TEG（東大式エゴグラム）》

表６　実態調査による《TEG》

	CP	NP	A	FC	AC
男子平均	7.86	11.29	11.07	14.00	12.57
女子平均	7.25	13.37	6.75	14.12	10.43
全体平均	7.53	12.40	8.77	14.07	11.43

＊以下のグラフは数値を標準化してグラフにあらわしたものである。

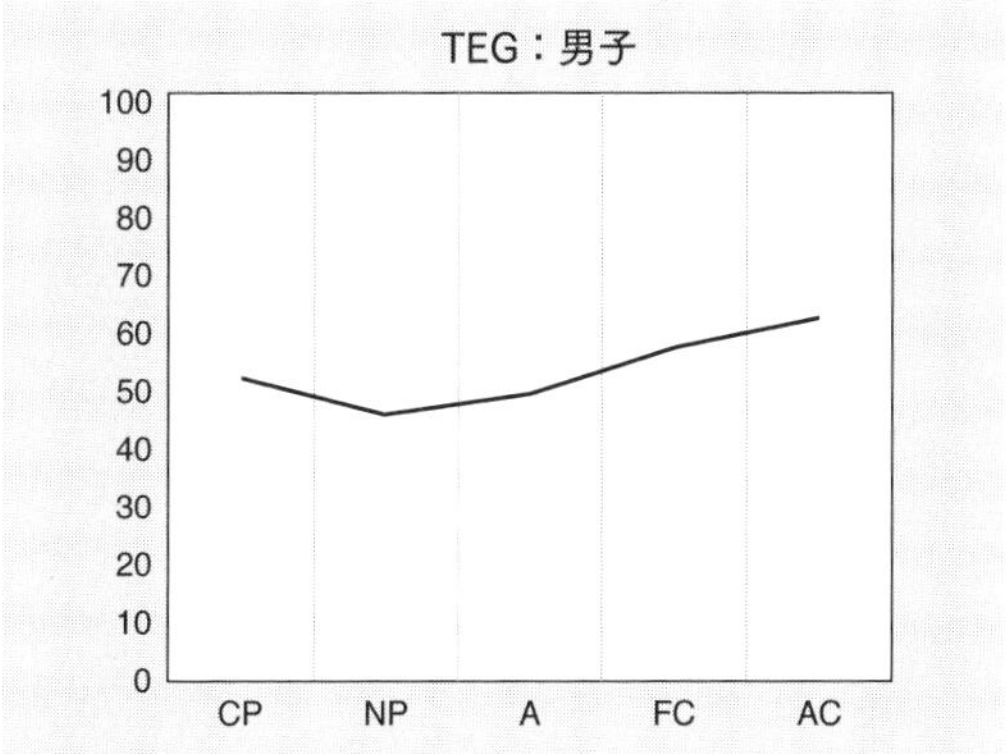

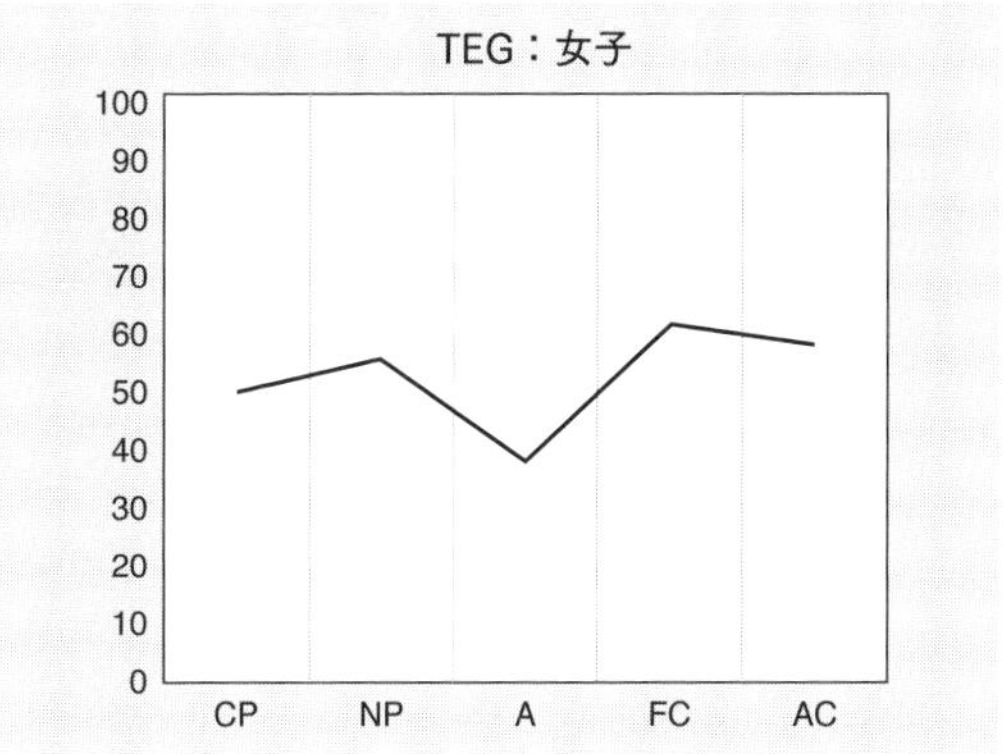

〈男子〉

NPが低く、ACが高いことから、協調性・順応性は高いものの、それに優しさ・思いやりが伴っておらず、表面的な行動であることが考えられる。また、FCがACよりも低いことから、本来の自分を抑制し、他者に合わせようという傾向がある。

今後は特にNPを高め、他者に対する優しさを育成したい。また、FCとAを高め自己表現能力と理性的判断力を育成する必要がある。

〈女子〉

Aが低いことから、現実吟味能力の低さが感じられる。また、FCがACよりも高く、NPがCPよりも高いことから、自由に振る舞うことはできるが他者への思いやりには欠ける面があると思われる。また、Aが低く、FCが高いことから感情的になりやすく、さまざまなトラブルを招くおそれがある。

今後はまずAを高め、現実吟味能力・冷静な判断力を育成する必要がある。またNPをさらに高め他者に対する優しさを育成したい。

〈男子・女子共通〉

CP・NP（大人の自我状態）よりもFC・AC（子どもの自我状態）が高いという結果になっている。これは、精神的な発達が十分でなく、他者に対する配慮よりも自分に関わる感情が優先されていることを表している。そのため、自分に対しても厳しさ・優しさが不足しており、Aが低いことから、精神的に成長しなくてはならないことを認識していないと思われる。

今後はAの数値を高め、また、CP・NP両方の値を高め、精神的な発達を促したい。

2　ロールレタリング・感想文の内容および考察

（1）ロールレタリングⅠ《テーマ1》：不治の病と闘う人からの手紙

〔弟→私〕

・一生懸命がんばって生きて、いろいろな人を愛して、人生を楽しんでほしい。

・僕の分も生きてください。

〔私→弟〕

・今から精一杯生きていこうと思う。

・おまえが死んでから、大切なものが何かわかったような気がする。

・君が死んで悲しかったけど、僕はこれからもがんばって生きていこうと思う。

〈感想文より〉

・人が死ぬとはどういうことかを考えることができてよかった。

・相手の立場になって物事を考えることができるようになってきた。

・相手の気持ちを考えて行動することができるようになったと思う。

・ふだん、人に言えないようなことが書けるのですっきりする。

【考察】

改めて「死」ということについて深く考えることにより、すべての生徒が生命の尊さについて考える内容が多い。また、積極的に生きていこうとする内容も多いことからも、本テーマは有効であったと考えられる。

（2）ロールレタリングⅡ《テーマ2》：いじめを苦に自殺を考える友人からの手紙

〔私→友人〕

・いじめをする人は弱い人だ。いじめられて自殺する人の方が勇気があると思う。でもそれは本当の勇気じゃないんだよ。本当の勇気は自分一人で何でもできること。
・これからもいろいろな壁にぶつかるんだから、それを超えたときの喜びがあるんだよ。
・死ぬなんて言っちゃダメ。いつでも側にいるからね。
・一緒に今の状態を乗り越えよう！　助けてくれる友達はたくさんいるよ。
・逃げていても強くなれない。一緒に生きていこう。

〔友人→私〕

・いろいろ心配してくれてありがとう。元気が出た。もう死ぬなんて言わない。今度は私が悩みをきいてあげる。
・心配かけてごめんなさい。何とかがんばってみようと思う。

〈感想文より〉

・命の大切さを学ぶことができたと思う。

・今回のロールレタリングでは、「死んではいけない」ということよりも、人を勇気づけることが必要だということを学んだ。

・人の死がいかに重く、簡単なことではないということが分かった。

・今の自分の命をあたりまえだと思わずに大切にしなくてはならないと感じた。

・苦しんでいる友人の心の支えになってあげたい。

【考察】

生徒は非常に意欲的にロールレタリングに取り組み、多様な表現で「死」について考えることができていた。「いじめ」というものが身近なもので感情移入が容易であったことから、本テーマ設定は効果的であったと思われる。ロールレタリングの内容も「一緒にいじめを乗り越えてゆこう」という内容がほとんどであり、困難な場面に遭遇したときにもそれと対決しようという気持ちを育てることができたと考えられる。また同時に、他者に対する励ましやいたわりに関する記述も多く、思いやりや優しさを育てることができたと思われる。

（3）ロールレタリングⅢ《テーマ3》：母親から子どもへの手紙

〔私→子ども〕

・あなたがいつか子どもを産んだときには、一生その子を守ってあげてください。
・いつまでも元気に成長してください。見守っているからね。
〔子ども→私〕
・産んでくれてありがとう。心配かけることもたくさんあると思うけど、ずっと僕のお母さんでいてください。
〈感想文より〉
・もし、今の両親がいなかったり、他の両親だったりしたら、今の自分は存在しないんだなと感じた。
・将来生まれてくる自分の子どもについて考えることができた。
・母親の子どもに対する愛情がよく分かった。
・自分に子どもができたときには一生大切に育てたい。
・親に対する感謝の気持ちでいっぱいになった。
【考察】

親から自分へ、自分から子どもへと命が受け継がれていくというような内容がほとんどであったが、内容的には前回と比べ乏しく、今回のテーマでは大きな効果は見られなかった。これは、自分が親になるということがまだ身近なものでなく、自分の子どもについて深く考えることができなかったためと思われる。なお、親から子へのロールレタリングの回数が少なかったことも、感情移入的理解が浅

表7　将来の目標

	①全く不明	②職種のみ決定	③具体的に決定
事前	10人	12人	10人
RLⅢ後	①へ　2人 ②へ　6人 ③へ　2人	①へ　0人 ②へ　2人 ③へ　10人	①へ　0人 ②へ　0人 ③へ　10人

かった原因と考えられる。このテーマに関してはロールレタリングの回数を増やし、心情の交流を深めることが必要である。

（4）ロールレタリングⅢ《テーマ4》：十年後の自分への手紙
　　ロールレタリングⅢ《テーマ5》：目標達成のための方法について（まとめ）

〈感想文より〉
・ロールレタリングを行って将来の夢を手に入れることができた。
・将来のことを真剣に考えることができた。
・自分自身にスポットを当て、考えを深めることができてよかった。
・将来のことや、将来の自分自身について考えているととても楽しかった。
・これまでは将来のことをあまり深く考えていなかったけれど、これからはよく考えようと思う。
・将来の目標を広げることができた。

【考察】
将来の目標を考えさせる前に、十年後の自分について考えさせた。

これは自分自身の理想像を考えさせるために行ったものであり、その理想に近づくために自分が現在何をしなくてはならないのかを考えさせることが容易になったと思われる。事前の調査では具体的に職業まで決定している生徒は三一・三%であったが、ロールレタリングⅢ後では六八%にまで増加している。また、数値からも漠然としていた目標がより具体的なものに変化している生徒が増加していることも分かる。

これは、前回までに行ったロールレタリングにより、困難な場面であってもそれに立ち向かおうとする強さが育ち、将来に対しても希望が持てるようになり、それに向けて積極的に努力していこうとする心が育っているためであると考えられる。

3　TEG（東大式エゴグラム）・CMI（心の健康調査）による考察

（1）TEGによる考察

表8　各段階後のTEGの数値

男子平均		CP	NP	A	FC	AC
事前		7.86	11.29	11.07	14.00	12.57
RLⅠ	テーマ1後	6.57	12.07	11.57	14.14	10.71
RLⅡ	テーマ2後	6.92	12.84	12.31	14.46	11.15
RLⅢ	テーマ3後	7.35	13.50	12.36	14.57	10.28
	テーマ4・5後	7.71	12.57	13.79	15.14	10.43

女子平均		CP	NP	A	FC	AC
事前		7.25	13.37	6.75	14.12	10.43
RLⅠ	テーマ1後	6.11	14.41	7.47	13.64	9.76
RLⅡ	テーマ2後	6.62	14.62	9.12	15.18	9.43
RLⅢ	テーマ3後	7.00	15.47	9.17	14.82	11.00
	テーマ4・5後	7.25	16.13	9.27	15.13	10.60

①RLI《テーマ1》：不治の病と闘う人からの手紙

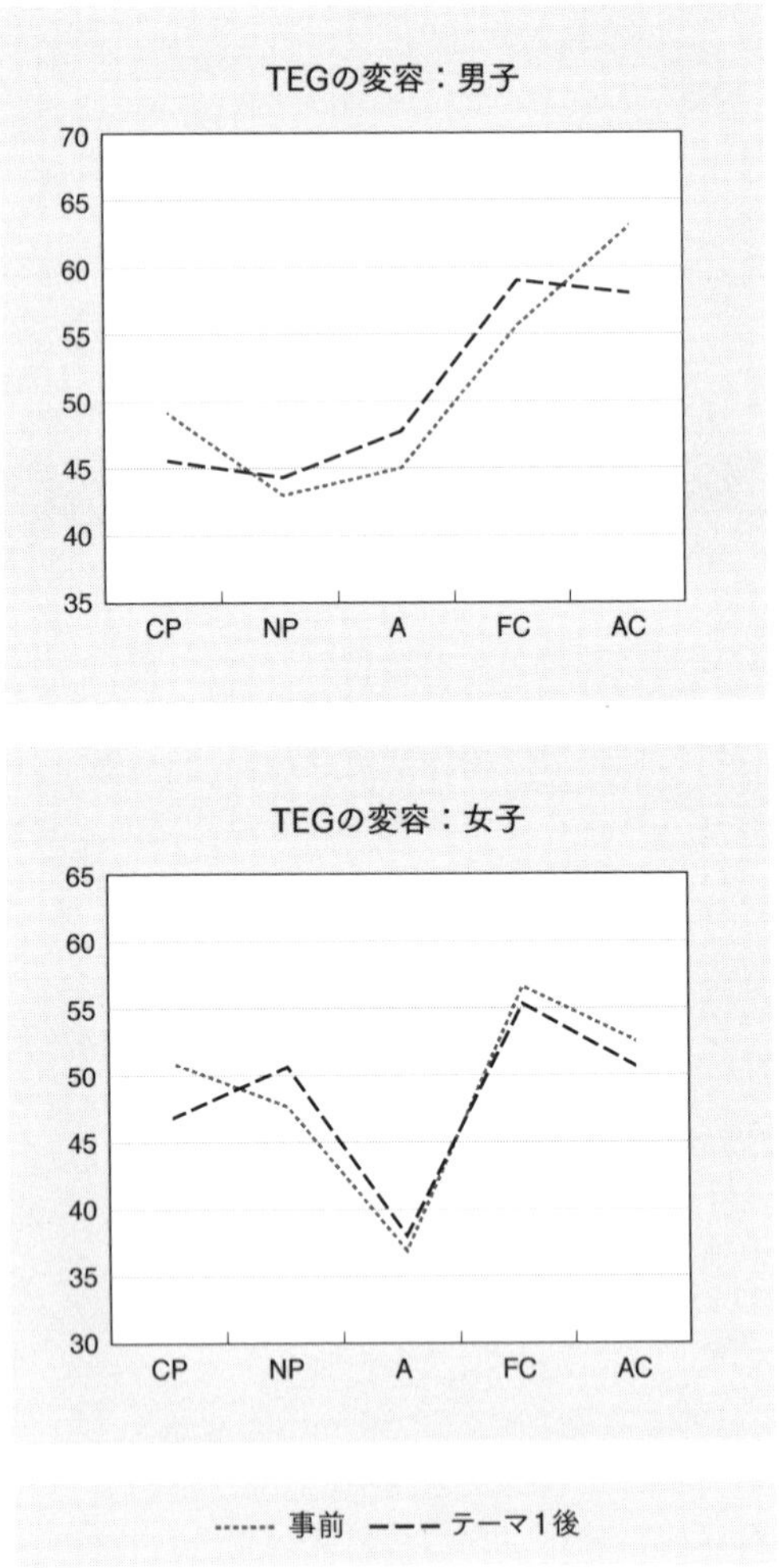

NP……男女ともに上昇。優しさ・思いやりの心が育っていることから、生命をいとおしみ、大切にしようという気持ちが育っていると考えられる。

A……このロールレタリングはすべての回を通して、Aの値が上昇している。このことは物事を客観的に捉え、冷静に判断しようとする態度が育っていると考えられる。

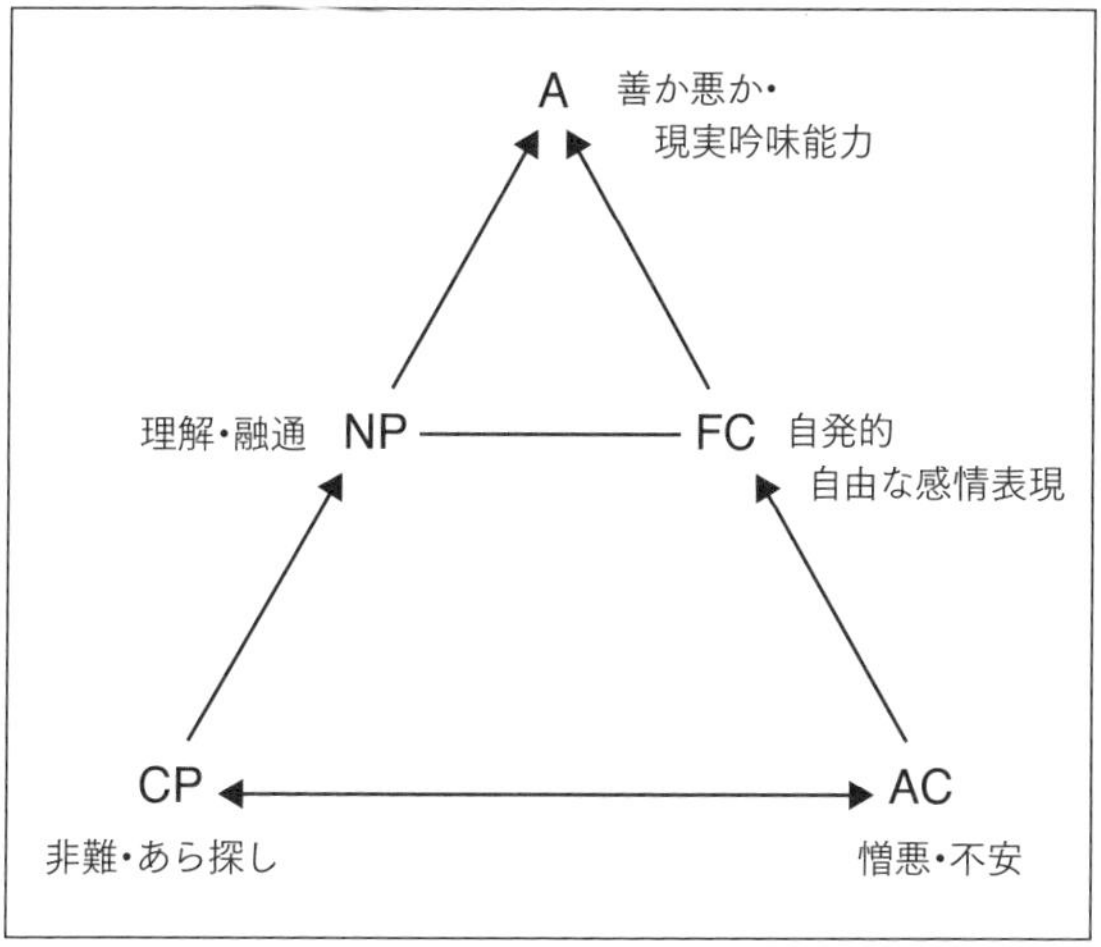

（出典：春口徳雄『ロール・レタリングの理論と実践』）

②ＲＬⅡ《テーマ2》：いじめを苦に自殺を考える友人からの手紙

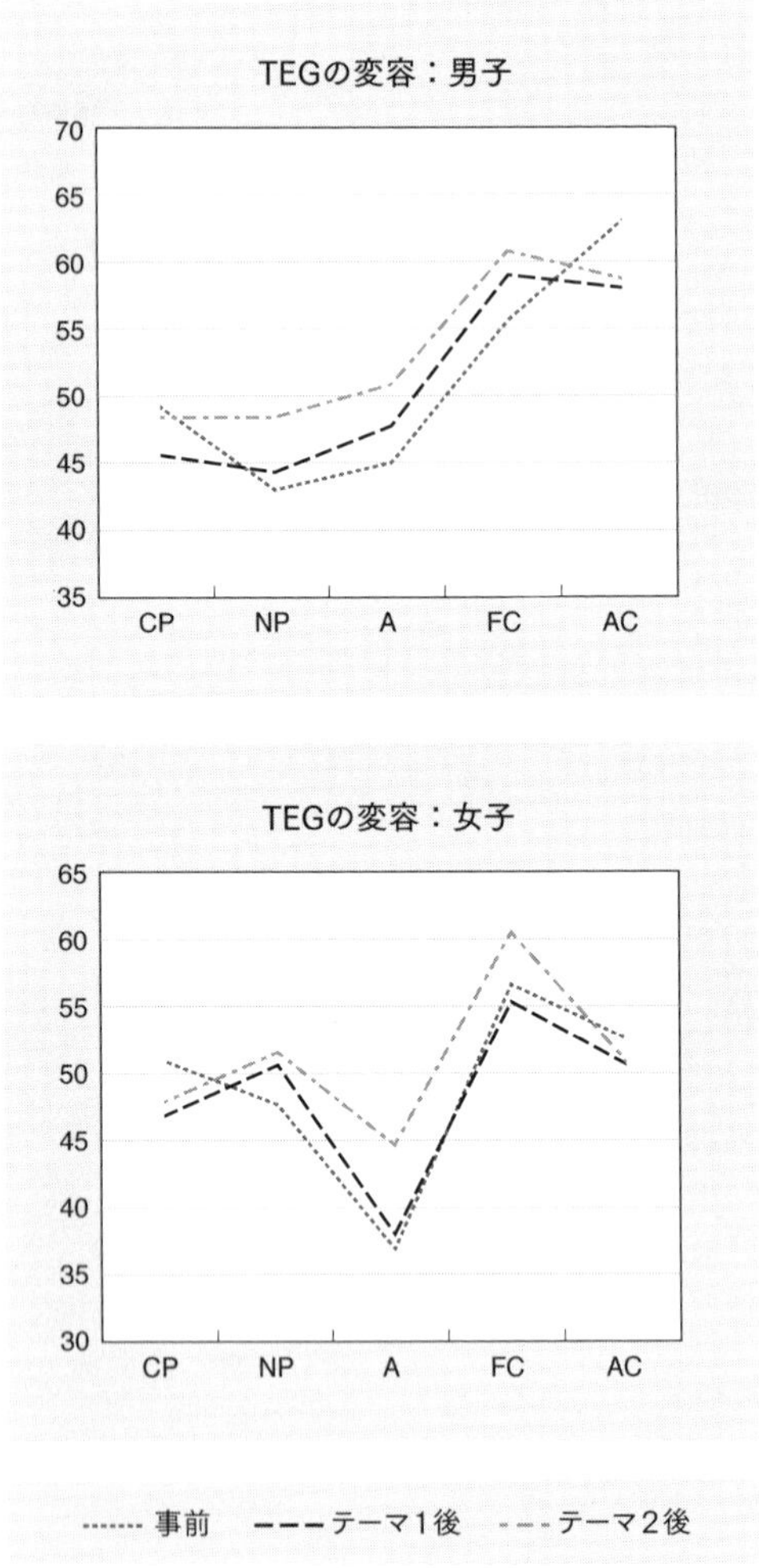

ＣＰ……前回に比べ、男女ともにＣＰの値が上昇している。このことは、困難な場面に遭遇しても逃避しないという自分に対する厳しさや批判的精神が持てるようになったものと考えられる。

ＮＰ……事前の状態と比べると全体で一・四三上昇している。このことは、他者に対するいたわりや思いやりの心などの共感性・感情移入的理解が育っていると考えられる。

③ＲＬⅢ《テーマ３》：母親から子どもへの手紙

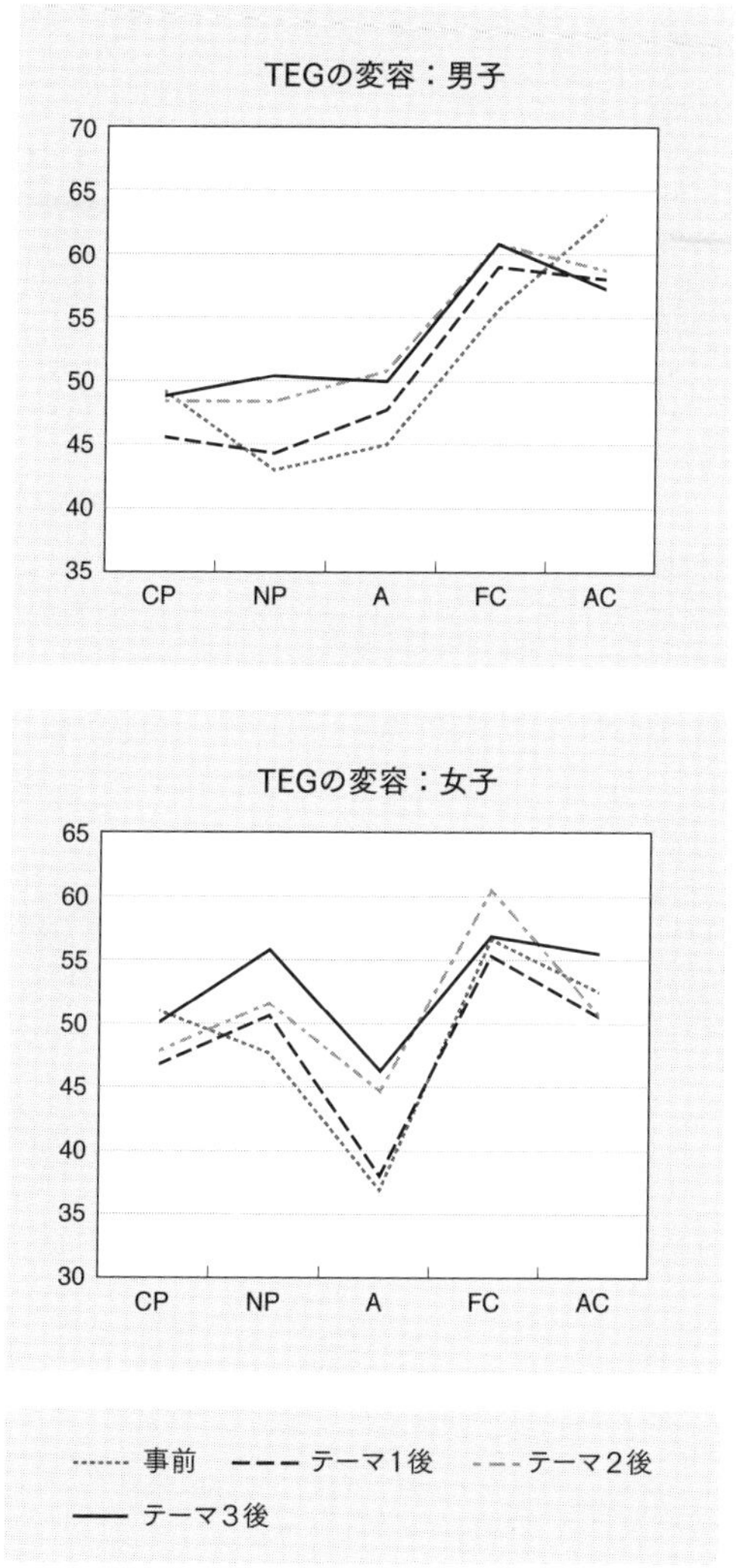

ＮＰ……男子よりも女子の方が大きく上昇。題材の主人公が母親だったことから、女子の方が感情移入しやすかったものと考えられる。

ＦＣ・ＡＣ……前回まではＦＣ・ＡＣの差が大きかったが、今回は前回に比べその差が減少している。このことは自由に自分の感情を表現する能力が育つと同時に、他者の立場に立って物事を考えようとする能力も育ち、そのバランスがとれるようになってきていると考えられる。

④ＲＬⅢ《テーマ４》：十年後の自分への手紙

ＲＬⅢ《テーマ５》：目標達成のための方法（まとめ）

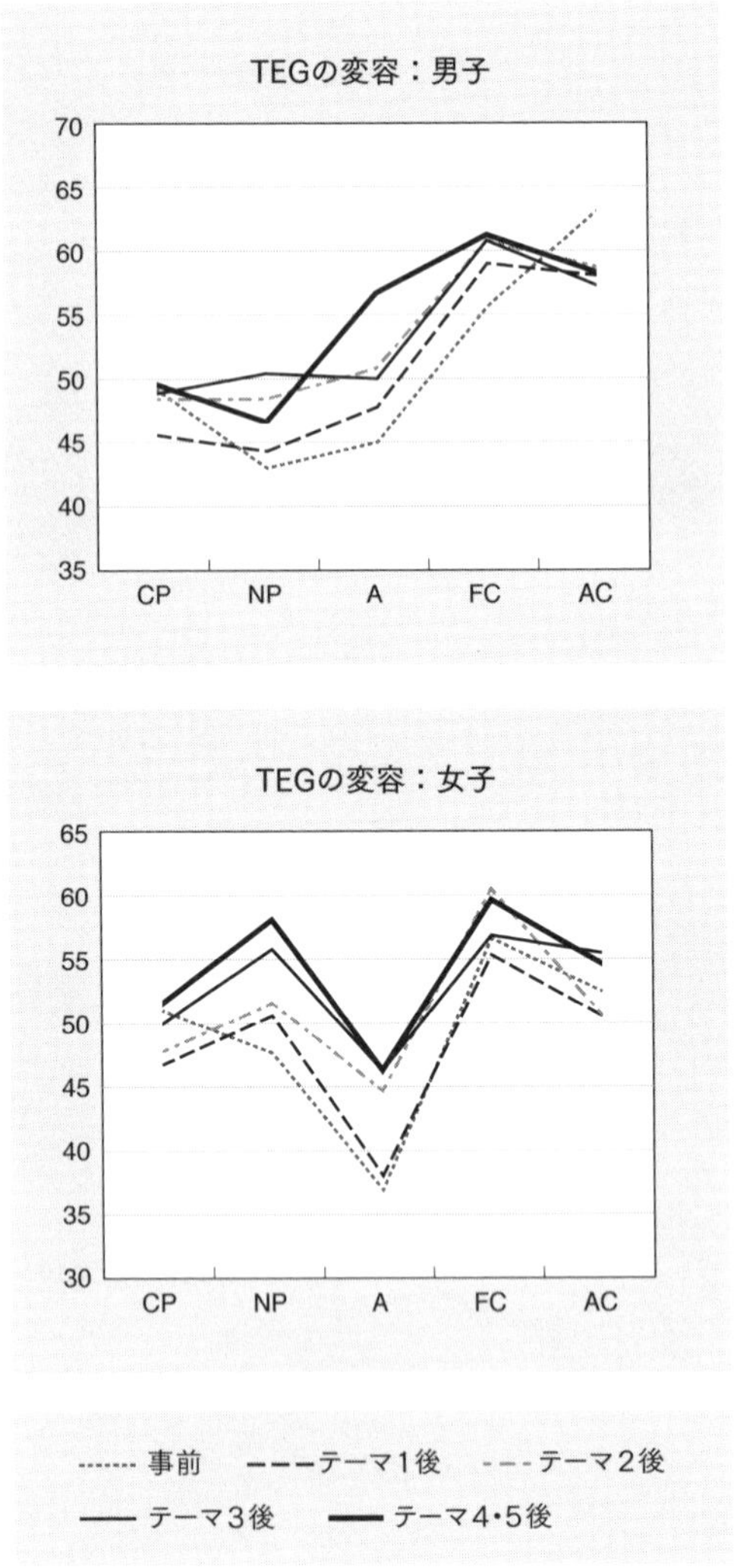

CP・NP……前回に比べ男子はCPが上昇し、NPよりも高くなるという結果が得られた。また、女子はCPはあまり変化せず、NPが大きく上昇するという結果が得られた。これは、男子が将来就きたいと思う職業についてのみ深く考えたのに対し、女子は家庭を持ち、子どもを育てるということまで考える生徒が多かったためと思われる。つまり、男子は将来を就職と結びつけたため自分自身に対する厳しさが育ち、女子は将来を家庭と結びつけたため親となったときの優しさが育ったと考えられる。

FC・AC……男女共にFCがACよりも高くなり、その差も適当である。事前と比べると特にFCの上昇が大きい。このことは生徒の自由な表現力・行動力が育っていることが考えられる。

（2）CMI（心の健康調査）による考察

全体を通してCIJ・M-Rの値はロールレタリングの回を重ねるごとに減少している。男子ではロールレタリングI《テーマ1》：不治の病と闘う人からの手紙の後の検査で最も大きく数値が減少し、女子ではロールレタリングII《テーマ2》：いじめを苦に自殺を考える友人からの手紙の後で最も大きく減少している。しかし、ロールレタリングII《テーマ2》の後の場合、男子ではCIJの数値が前回と比べ増加している。これは、「いじめを苦に自殺を考える友人からの手紙」で身体的自覚としての「心臓脈管」とロールレタリング作業による精神的緊張感による疲労度が作用しているものと考えられる。それだけに情動的洞察が促進されたことが理解できる。一方の精神的自覚症状としてのM－Rの著しい低下はきわめて精神的な健康状態を示している。ロールレタリングの告白機能によるカタルシス作用と自己の問題性の冷静な客観視と感情移入的理解に負うことによると考えられ、ロールレタリングⅢ後では男女ともにこれまでの最小値を示している。以上のことから、生徒は精神的により健康な状態に近づいていると思われる。

表9　各段階後のCMIの数値

男子平均		CIJ	M-R
事　前		4.43	11.00
RLⅠ	テーマ1後	3.57	7.57
RLⅡ	テーマ2後	4.07	6.36
RLⅢ	テーマ3後	3.85	6.30
	テーマ4後	2.79	5.07

女子平均		CIJ	M-R
事　前		4.00	11.88
RLⅠ	テーマ1後	3.53	11.00
RLⅡ	テーマ2後	2.47	7.71
RLⅢ	テーマ3後	2.57	7.47
	テーマ4後	2.44	7.44

全体平均		CIJ	M-R
事　前		4.19	11.48
RLⅠ	テーマ1後	3.55	9.45
RLⅡ	テーマ2後	3.19	7.10
RLⅢ	テーマ3後	3.13	6.94
	テーマ4後	2.60	6.33

六　研究の成果と今後の課題

1　成果

・ロールレタリングⅠ・ロールレタリングⅡでは、エゴグラムや感想文の内容から他者に対する優しい言葉かけや励ましの言葉が多く見られた。また、「死」について冷静に考え、精一杯生きてゆこうという意思の表明も見られた。このようなことから、「死」について考えたことは、生命を大切にしようという気持ちを育て、生きることに対して希望を持たせることに有効であったと考えられる。

・ロールレタリングⅢでは将来の目標について多くの生徒が具体的に考えることができるようになり、目標達成のための方法についても考えるようになっている。このことから、「生」について考えさせたことは将来の目標を持ち、主体的に生きるという心情を育てることに有効であったと考えられる。

・ロールレタリングによる生と死の教育を行ったことは、エゴグラムのA（冷静さ・心のコンピューター）の値が男女ともに大きく上昇し、生徒の現実吟味能力を向上させることができ、物事を冷静に判断する能力を育成することに有効であったと考えられる。

・「自分の中にある感情を常にモニターできる能力は、自分自身を見つめ理解する上で絶対に必要である。自分が何をどう感じているのか把握できなければ、感情の波に押し流されてしまう。自分自身の気持ちがよく分かっている人は迷わずに生きられる。結婚にしても就職にしても、そのことに関する本当の気持ちに自信が持てるからである」（ダニエル・ゴールマン）。

自分の感情を常にモニターできる能力とはAの自我状態の高さをさすのである。この実践から、A自我状態の向上が認められたわけである。これは、現実と仮想の境界が見失われないように見極める客観的・理性的なAの自我状態の向上と言えよう。

2　課題

・男女ともにCP（厳しさ）の値が事前と事後でほとんど変化していなかった。今後は生徒の厳しさを育てるようなロールレタリングのテーマ設定の検討を行わなくてはならない。

・特に男子の数名に、テーマによってはあまりロールレタリングに没頭できない様子がうかがえた。すべての生徒に最後までロールレタリングに集中できるようなテーマ設定の改善、また、生徒がより深く考えることができるような導入時の資料提示の方法・内容など指導方法の検討を行わなくてはならない。

・体験学習との関連を図り、動物の飼育や火葬場の見学などを行い、死について生徒がより身近に感じとることができるような取り組みを検討している。

・ロールレタリングの回数を増やし、感情移入的理解・共感性と現実吟味能力を向上させるためには、一年間のカリキュラムを作成し学習することが大切であると考えられる。

おわりに

最近の中学校における学級崩壊・不登校生徒の増加傾向のなか、特にいじめ防止・自殺防止は学級教育現場では重要な課題となっている。このことに注目されていた井上元生校長（大野城市立大利中学校）は、「ロールレタリングによる生と死の教育」を強力に推進されていたこともあり、本研究を実施することになった。この研究に対し、井上校長から「ロールレタリングが学級作りや、自己を客観視して自立を促していくことに有効な技法であるということが本校職員に浸透したことは非常に喜ばしい」という評価をいただき、厚くお礼を申し上げる。さらに今後もロールレタリングの有効性を高める研究に努力していきたい。（才田）

生と死の教育について

筆者は中学校の体育館で全生徒に対して「生と死の教育」を講義した。

はじめに、前もって準備していた風船を壇上から放つと、風船は舞い上がり天井にあたり、時間が経つにつれ空気が徐々に抜けてやがて床面に落ちるであろう。これを「自然死」と呼ぶ、と話した。

次にもう一つ同じ型の風船を上に放つとともに飛び上がり持っていた針で刺したところ、「バーン」

と音をたててしぼみ、するすると床面に落ちた。これを「自己死」と呼び、自殺であると話した。生徒たちは神妙な表情で聴き入っていた。

その後で、生徒たちを仮想の修学旅行に連れて行こうと話した。生徒たちはざわめいた。

修学旅行の行き先はハワイです。空港から五時間たった時、機長から「タンクから燃料漏れに気づき、手のほどこしようができない。このままではハワイに着く前に小島に不時着する。全員、自分のノートや手帳に家族へ遺書を書いてください」と指示され、全員騒然となった。「あと二十分でガソリンがなくなる」というアナウンスですべて途絶えた。

不時着で全員死亡したが、燃焼はまぬがれた。後日、家族は小島に駆けつけた。生徒たちが書き残した遺書を両親はどんな気持ちで読んだであろうか。両親の気持ちを思い、生まれてはじめて書く遺書に対し、厳粛に考えて、涙を流して書く人もいた。

家族からも、この授業は生と死の尊さを学ぶことができたと感謝された。他者の痛みを想像する力と生命の尊さを実感させた授業といえよう。（春口）

〔主な引用・参考文献〕

杉田峰康監修、春口徳雄編著『ロール・レタリングの理論と実際』チーム医療、一九九七年
春口徳雄「生と死の教育 - 指導要領」第七回ロールレタリング研究大会抄録、一九九八年
原野義一「『遺書』による生と死の教肯の試み ―― 高校生の場合」第七回ロールレタリング研究大会抄録、

一九九八年
ダニエル・ゴールマン著、土屋京子訳『ＥＱ――心の知能指数』講談社、一九九六年
中村和子・杉田峰康『わかりやすい交流分析』チーム医療、一九八四年
桂戴作・杉田峰康・白井幸子『交流分析入門』チーム医療、一九八四年
新里里春・水野正憲・桂戴作・杉田峰康『交流分析とエゴグラム』チーム医療、一九八六年
杉田峰康『教育カウンセリングと交流分析』チーム医療、一九八八年
伊藤友八郎『図解エゴグラムが見る見るわかる――三六のパターンで心が見える』サンマーク出版、一九九九年
坂本昇一監修、渡部邦雄・尾本和英・嶋崎政男編集『実践生徒指導３「自己指導能力を育てる」』ぎょうせい、一九九四年
木村周編集『進路と生き方についての相談』（実践教育相談シリーズ）ぎょうせい、一九九二年
才田幸夫・春口徳雄「ロール・レタリング（役割交換書簡法）による生と死の教育」『犯罪と非行』一二五号、日立みらい財団、二〇〇〇年

あとがき

今日、心理療法の世界では、時代の変化とともにパラダイムの転換が生じつつあり、生物・心理・社会・倫理といった統合的視点からメンタルヘルスへの取り組みが始まっております。ロールレタリングの基盤の一つをなす交流分析では共感的交流と関係性の視点が重視され、また力動的精神療法も長年の認知行動療法との対立を乗り越える方向へと変化しております。

筆者は二十五年ほど前に、交流分析を、この道の権威者である杉田峰康先生から学び、『役割交換書簡法（ロール・レタリング）』（創元社）を出版しました。交流分析は統合的心理学であり、ロールレタリングは自己と他者による統合的心理学と言えるかもしれません。この療法が、直感・共感・認知により自己への気づきを促し、悩む人の心の癒しに貢献できることを祈念いたしております。

本書の監修を賜りました杉田峰康先生はじめ、今日までさまざまな方々に本法をご支持いただいてまいりましたこと、改めて厚くお礼申し上げます。

また二〇〇〇年に発足した日本ロールレタリング学会も、数々の方々のご尽力をいただきました。さらに、昨年より、長年にわたり本法を研究してこられた岡本茂樹先生（立命館大学教授）が理事長に就任されました。今後の発展を切に願っております。

私事ではございますが、今日まで研究に力を注いでこれましたのも、家族の理解と協力があってのことと、ありがたく思っております。

末筆になりましたが、創元社編集部柏原隆宏様、編集工房レイヴン原章様に本書出版にご尽力いただきましたことを心より感謝申し上げます。

二〇一三年七月二〇日

春口徳雄

〈略歴〉

杉田峰康（すぎた・みねやす）

臨床心理学者。日本交流分析学会理事長。福岡県立大学名誉教授。1933年、東京生まれ。米国ルーテル大学（キリスト教学専攻）・米国コンコルディア大学（心理学・ケースワーク専攻）卒業、米国イリノイ大学大学院修了（心理学・カウンセリング・ケースワーク専攻）。九州大学医学部心療内科講師、活水女子大学教授、福岡県立大学人間社会学部教授、福岡県立大学大学院研究科教授等を経て現職。日本ロールレタリング学会初代会長。著書に、『交流分析と心身症』（医歯薬出版）、『人生ドラマの自己分析』、『こじれる人間関係』、『新しい交流分析の実際』（以上、創元社）、『教育カウンセリングと交流分析』、『カウンセリングのすすめ方』、『交流分析の基礎知識TA用語100』（以上、チーム医療）、『交流分析のすすめ』（日本文化科学社）ほか多数。

春口徳雄（はるぐち・のりお）

西九州大学名誉教授。医学博士。臨床心理士。日本交流分析学会会員。1925年福岡県生まれ。熊本大学教育学部卒業。法務省法務教官として少年の矯正教育に携わる。法務省中央矯正研修所研究員、国連アジア極東犯罪防止研修所国際研修員、西九州大学家政学部社会福祉学科教授、大分友愛病院勤務などを経る。1980年代前半からロールレタリングを理論的に構築し、ロールレタリング研究会および日本ロールレタリング学会を立ち上げる。著書に『役割交換書簡法（ロール・レタリング）』（創元社、のちに『ロール・レタリング（役割交換書簡法）入門』と改題）、『ロール・レタリングの理論と実際』（チーム医療）、『断酒の教科書』（佐賀新聞社）、その他、論文を『境界例の精神療法』（金剛出版）、『矯正・保護カウンセリング』（日本文化科学社）などに多数発表。

ロールレタリングの可能性《かのうせい》
――心《こころ》の教育《きょういく》・治療《ちりょう》から日常《にちじょう》の問題解決《もんだいかいけつ》まで

二〇一三年九月十日　第一版第一刷発行

〈監修者〉杉田峰康
〈著　者〉春口徳雄
〈発行者〉矢部敬一
〈発行所〉株式会社 創元社
本　社　〒五四一-〇〇四七 大阪市中央区淡路町四-三-六
電　話　〇六-六二三一-九〇一〇(代)
ＦＡＸ　〇六-六二三三-三一一一(代)
東京支店　〒一六二-〇八二五 東京都新宿区神楽坂四-三 煉瓦塔ビル
電　話　〇三-三二六九-一〇五一
http://www.sogensha.co.jp/
〈印刷所〉株式会社 太洋社

装丁・本文デザイン　長井究衡

©2013, Printed in Japan ISBN978-4-422-11569-6 C1011

〈検印廃止〉
落丁・乱丁のときはお取り替えいたします。

JCOPY 〈(社)出版者著作権管理機構 委託出版物〉
本書の無断複写は著作権法上での例外を除き禁じられています。複写される場合は、そのつど事前に、(社)出版者著作権管理機構（電話 03-3513-6969、FAX 03-3513-6979、e-mail: info@jcopy.or.jp）の許諾を得てください。